歴史文化ライブラリー

209

庭園の中世史

足利義政と東山山荘

飛田範夫

吉川弘文館

目　次

義政がつくったユートピア――プロローグ

1　義政がつくったユートピア

樹木・庭石の略奪

足利義政《よしまさ》は東山《ひがしやま》山荘の庭園を造営した際に、しばしば樹木と庭石の略奪を行なっている。たとえば、文明《ぶんめい》十七年（一四八五）二月には、近衛《このえ》政家《まさいえ》に所領の信楽《しがらき》のマキ二十本を献上するように命じ、長享《ちょうきょう》元年（一四八七）六月には、小川御所・室町殿跡・仙洞《せんとう》御所跡から庭石を曳《ひ》き入れている。翌二年には興福《こうふく》寺《じ》など奈良の寺院にも庭木を要求し、庭作り専門の河原者を派遣して強引に樹木を物色させている。

前将軍の実力を寺院や公家に示そうとして、義政は樹木や庭石を略奪したのだろうか。樹木は京都周辺の山野から採って来ることも可能だし、庭石も賀茂《かも》川や保津《ほづ》川などの京都周辺の河川で採集できただろう。奈良から運搬するのでは、かえって経費もかかったに違いない。貴族や武将たちが献上してくるのを待つ方法もあったはずなのだが、なぜ義政は略奪を行なったのだろうか。東山山荘の造営については、こうした理解しにくい歴史上の不思議さがある。

疑問な点はそれだけではない。東山山荘の庭園がどのようなものだったかについては、解決されていない大きな課題がある。東山山荘というとなじみのない人も多いだろうから、少し基本的なことを説明しておきたい。

慈照寺庭園

義政の遺言に従って東山山荘は死後に寺とされ、慈照寺《じしょうじ》と呼ばれるようになっているが、現代では銀閣寺といった方がわかりやすいかもしれない。京都市左京区の東山のふもとに位置していて、土産物店が並ぶ参道を上り詰めると正面の総門に着く。総門を入ると、左右に高い生垣《いけがき》のある通路が続いている。この生垣は造形的にすぐれたものとされているのだが、歴史的にはいつ作られたのかはっきりしていない。

中門の手前で拝観料を払ってから門をくぐり、庫裏《くり》（台所）の前を過ぎて庭園に入ると、右側に円錐形に砂を盛った向月台《こうげつだい》と、左側の方丈《ほうじょう》には前に砂を厚く敷きつめた銀沙灘《ぎんしゃだん》が見えてくる。現代の抽象芸術にも劣らない造形だが、義政の時代のものではなく、江戸時

図1　慈照寺観音堂（銀閣）

代に作られたものとされている。南西側の銀閣と北東側の東求堂《とうぐどう》は、義政が建造したものがそのまま残っているように見えるが、東求堂については江戸時代から『山城名跡巡行志』に述べられているように移築説がある。

中央に位置する園池《えんち》については、室町時代に足利義政が造営した時のままだといわれているが、専門家の間では以前から問題があるとされてきた。大きな橋を架けて船を浮かべようとした池にしては、現在の慈照寺の園池は狭すぎるので、改修されて縮小されたという説が文献研究の結果から出されている。これに対して現地調査に基づいて、石組は当初のままで改修はされていないという反論も出されている。

実際に園池を見てみると、護岸石組は実に美しく堅固に組まれている。園池のまわりを一周すると、視線が動くにつれてつぎつぎに石組が新しい面を見せてくれる。巧みに石が組まれていて、どこにも隙《すき》はないという感じがする。東山山荘を造営した足利義政が、当時の作庭の名人を使って作った園池だ、と言われれば納得するしかない。

義政の東山山荘

しかし、最近では発掘調査が防災工事や庫裏・門の改築でされるようになり、新しい知見を与えてくれるようになった。これまで不明だった園池周辺の地下部分の状況が明らかになってきた。だが、園池についてはまだ発掘調査が及んでいないので、園池が縮小されているかどうかは判断を下せない。園池の規模が変化しているかどうかを、ほかの方法で知ることはできないのだろうか。

慈照寺についての文献調査は、され尽くしているといっても過言ではない。日本史・建築史・美術史の分野からも、さまざまな人びとによって行なわれてきた。それらの研究成果と発掘結果を合わせれば、銀閣寺の園池が当初のままかどうかを明らかにできるのではないだろうか。足利義政が東山山荘を造営した室町時代は中世と呼ばれているが、中世の他の庭園を比較して考えてみれば、当初の東山山荘の全体像も明確になるのではないだろうか。その結果として、銀閣寺の園池は縮小されているかどうかの結論が出せるかもしれない。

そこで、この本では次のように論じてみることにした。

(1) 義政は現実の政治世界から逃れて、なぜ東山山荘を造営するようになったのか。
(2) 義政は西芳寺《さいほうじ》の庭園に惹《ひ》かれて東山殿を造営しているが、西芳寺の庭園はどのようなものだったのか。
義政が将軍邸として室町殿を再建した際には、建築・庭園についても指示を与えているが、東山山荘との関連はどうだったのか。

（3）義政は東山山荘の園池をどのような形状につくり、どのような建物配置を行なったのか。
（4）東山山荘を造営する資金はどうしていたのか。また、造営組織はどのようになっていたのか。
（5）中世の庭園に東山山荘の造営が与えた影響は何だったのか。

日本史研究では、室町時代を南北朝時代・室町時代・戦国時代に区分したりするが、南北朝時代や戦国時代の庭園で残存するものが少ないために、庭園史では一括して扱うことが通例になっている。室町幕府が開かれた建武《けんむ》元年（一三三四）から、室町幕府が滅亡する前年の元亀《げんき》三年（一五七二）までを、ここでは室町時代と呼ぶことにしたい。義政が造営した東山山荘は、当時は東山殿とも呼ばれていたが、山荘ということの価値を強調したいので、ここでは東山山荘という名称を使うことにした。

山荘への憧れ

将軍足利義政

足利義政《よしまさ》は文明《ぶんめい》十四年（一四八二）に、東山《ひがしやま》山荘の造営を開始している。どのような事情で義政は山荘を造営する気持ちになったのだろうか。義政の一生を追ってみると、優柔不断な態度がしばしば重大な問題を引き起こしている。この義政の性格が将軍職を引退して山荘へ逃避することにつながったように見えるが、実際はどうだったのだろうか。

義政の誕生日

足利義政が誕生した日については二説がある。江戸幕府が編纂《へんさん》した『後鑑《のちかがみ》』は、『和漢《わかん》合符《ごうふ》』や『蔭涼軒日録《いんりようけんにちろく》』（以下『蔭涼』と略す）に基づいて、永享《えいきょう》七年（一四三五）一月二十日と推定している。しかし、近代になって編纂された『史料綜覧《そうらん》』では、『看聞御《かんもんぎょ》記《き》』や『御産所日記』『武家手代記』などから、翌永享八年一月二日を義政の誕生日と断定している。

『蔭凉』の永享七年から文正《ぶんしょう》元年（一四六六）の部分を執筆した相国寺《しょうこくじ》蔭凉軒主の季瓊《きけい》真蘂《しんずい》は、義政の父親第六代将軍義教《よしのり》（在位一四二九―一四四一）の政策にも参加していた。そのため『蔭凉』は幕府の公式の記録に近いもので、内容も緻密《ちみつ》で信頼性が高いものになっているが、永享七年六月以降の部分しか残っていない。義政の誕生日はどちらにすればいいのだろうか。

欧米の風習のように思える誕生日を祝うということが、室町時代にも行なわれていたので、義政の誕生日を知ることができる。誕生日を祝うといっても盛大な祝宴を催すのではなく、長寿を祈る簡単な宗教的儀式をするだけだった。『東寺百合文書《とうじひやくごうもんじよ》［ち］』（『大日本古文書家わけ十―四』）の嘉吉《かきつ》三年（一四四三）八月二十七日条に、「当御所（義政）御誕生日、正月二日の間、来月御読経《みどきよう》、件《くだん》の日の事をなすべし」と書かれているので、義政の誕生日は永享八年一月二日だったことがわかる。義政が将軍になってからは相国寺で毎月二日に祈禱を行なっているが（『蔭凉』）、東寺でも行なっていたということらしい。

義政は文安《ぶんあん》三年（一四四六）十二月に義成《よししげ》と名乗るようになるが（『華頂要略《かちようようりやく》』）、永享八年は珍しく一月に立春がなくて十二月になって立春の日が来たために、年内にもう一つ春を迎えるとされ、胎内での一年をさらに加えて「三歳若君」と呼ばれていたという（『諸家系図纂』〔『大日本史料八―三十四』〕。『大日本史料』は以下『大日本』と略す）。『看聞御記』が義政の誕生に対して、「幸運の人か。繁昌《はんじょう》珍重なり」と記載していることも、そのような意味が含まれている。

永享七年一月二十日は義政の誕生日ではなかったことになる。義政が誕生した年について記録上の相違が生じたのは、長男ではなくて重視されなかったことが原因だったと考えられる。将軍になることを周囲の者に期待されず、ただ大事に育てられたことが、義政の消極的な性格を形成していったのではないだろうか。

長男義勝との格差

義政と兄義勝《よしかつ》との格差は、生まれた年が不明確なだけではなかった。

義勝が永享六年（一四三四）二月九日に誕生した時の記録である『御産所日記』には、

御産所、波多野因幡入道《はたのいなばにゅうどう》元尚宿所、鷹司《たかつかさ》西洞院《にしのとういん》。随（随行）役人、御引目役《ひきめやく》伊勢八郎左衛門尉《さえもんのじょう》盛経・海老名《えびな》七郎持行。鳴弦役《めいげんやく》、設楽《したら》三郎貞助。総奉行《そうぶぎょう》、二階堂大夫判官《じょう》之忠。右筆《ゆうひつ》、松田対馬守《つしまのかみ》貞清。医師、大膳亮《だいぜんのすけ》守家。陰陽頭《おんみょうのかみ》、在方・有重両人。

と事細かに書かれている。

しかし、義政については『御産所日記』の永享八年一月二日の条には、「御袋左京大夫殿、御産所赤松伊与」とあるだけで、従事した役人名はすべて省略されている。義勝の場合は誕生してからも「御湯始《おゆはじめ》御祝・五夜御祝・七夜《しちや》御祝・後七夜御祝・又七夜御祝・御剃髪《ていはつ》・御着袴《ちゃつこ》」などの記録が残っているのだが（『後鑑』）、義政については何も残っていない。二人とも母親は将軍義教の側室裏松《うらまつ》（日野）重子《しげこ》だったが、こうした差別が長男ではない義政に対する対応の仕方だった。

戦国時代には政略結婚に子供を利用するようになるのだが、室町時代には長男以外はすべて出家するのが慣例になっていた（図2）。義政の兄弟たちも、嘉吉三年（一四四三）三月二十二日に重子の子で六歳になる義観《ぎかん》が出家して聖護院《しょうごいん》に入り（『看聞御記』）、同年には義尋《ぎじん》（義視《よしみ》）が浄土寺に入室している（『薩戒記《さつかいき》』）。また、享徳《きょうとく》元年（一四五二）十二月十四日には、義尭《よしたか》が梶井門跡《かじいもんぜき》において出家している（『師郷記《もろさとき》』）。この風習は当時の天皇家の例を武家が見習ったものらしい（脇田晴子『中世に生きる女たち』）。兄弟たちが将軍の位を狙ったり、姉妹と結婚した者たちが縁戚関係によって権力を持ったりすることを、室

1 尊氏《たかうじ》（一三〇五―一三五八）―2 義詮《よしあきら》（一三三〇―一三六七）―3 義満《よしみつ》（一三五八―一四〇八）

　4 義持《よしもち》（一三八六―一四二八）―5 義量《よしかず》（一四〇七―一四二五）

　6 義教《よしのり》（一三九四―一四四一）―
　　7 義勝《よしかつ》（一四三四―一四四三）
　　8 義政（一四三六―一四九〇）―9 義尚《よしひさ》（一四六五―一四八九）
　　義視《よしみ》（一四三九―一四九一）―10 義稙《よしたね》（一四六六―一五二三）
　　政知《まさとも》（一四三五―一四九一）―11 義澄《よしずみ》（一四八〇―一五一一）
［以下省略］

図2　足利将軍系図

町時代には恐れていたのだろう。兄弟たちが出家したのに義政が出家せずにいたのは、義勝の万一の場合に備えてということだったのだろうか。

長男義勝が誕生した年の永享六年二月四日に、伊勢貞国の宿所に移っているのは（『看聞御記』）、将軍後継者は代々伊勢氏の邸宅で養育するのが伝統となっていたことによっている。義政は誕生後、烏丸殿《からすまるどの》（烏丸《からすま》資任《すけとう》邸）で養育されていたらしく、

公方様《くぼう》（義勝）崩御《ほうぎょ》す［慶雲院と号す］。管領《かんれい》徳本（畠山持国）、御舎弟の烏丸家御座の若君を将軍となす。

と、『斎藤基恒《もとつね》日記』の嘉吉三年七月二十一日条に述べられている。教育に当たったのは、『伊勢貞親《さだちか》教訓』を残している伊勢貞親だった（森田恭二『足利義政の研究』）。伊勢家の者たちが幼年期の義政には大きな影響を与え、後々まで政治的に関わりを持つようになる。

父義教の恐怖政治

義政の父義教は「籤《くじ》引き将軍」と呼ばれていた。第四代将軍義持《よしもち》（一三八六―一四二八）のあとを継いだ義量《よしかず》は病気のために、応永《おうえい》三十二年（一四二五）二月二十七日に十九歳という若さで死去している。将軍職は空位のまま父親の義持が政務を行なったが、正長《しょうちょう》元年（一四二八）一月十八日に相続する男子がいないまま亡くなってしまう。それぞれが推薦した人間を将軍に選べば、あとで問題が起こると管領や守護大名たちは考えたのだろう。神意に従うという意味から、次期将軍を籤で選ぶという取り決めが行なわれ、出家していた義持の四人の兄弟の中から義教が選び出された。

義教は義満の第四子として応永元年六月十三日に生まれ（『足利系図』）、母は義持と同じだった。応永十年に京都東山の青蓮院《しょうれんいん》に入室し、同十五年に得度《とくど》、応永十八年に受戒している。応永二十六年には天台座主《ざす》にのぼり詰めているが、青蓮院門主も兼ねていた（『華頂要略』）。宗教界において若い義教が出世を重ねたのは、義満の子で将軍義持の弟だったということがあったのだろう。彼は決して不幸な境遇にあったわけではなく、天台座主になっていたことで、将軍になることにも自信を持っていたのではないだろうか。

永享元年（一四二九）三月十五日には征夷大将軍《せいいたいしょうぐん》に任ぜられ、この時に名を義教と変えている（『満済准后《まんさいじゅごう》日記』）。同三年二月に伊勢神宮、四月には高野山《こうやさん》に参詣《さんけい》し、翌四年八月には遣明《けんみん》僧の船を見に兵庫に出向き、九月には富士山見物に出発し、五年三月には再び伊勢神宮に詣《もう》でている（『師郷記』など）。僧侶としてはできなかった旅行を、将軍になって思いっきり実現したのだろう。だが、こうした積極的な性格は息子の義政には伝わらなかった。

義教は青蓮院時代から猿楽《さるがく》に夢中になっていたが、将軍になってからは、「室町殿常に遊ばさる。よって諸人稽古すと云々」といわれたほど蹴鞠《けまり》を好み、人びとも義教の意を迎えようとして競ったことから、蹴鞠が流行している（桜井英治『室町人の精神』）。義教は和歌も好きで、最後の勅撰和歌集となった『新続古今《しんしょくこきん》和歌集』の編纂も行なっている。この面では義政は父親の血を引いているといえる。

だが、「籤引き将軍」と嘲笑的《ちょうしょうてき》に呼ばれていた義教は、自分の権威を示すためか次第に専制政治を行なうようになっていく。永享三年八月三十日には政所《まんどころ》執事の伊勢貞経が不謹慎なことを怒って罷免《ひめん》されている（『満済准后日記』）。十月には権大納言中御門俊輔、前権大納言土御門資家《つちみかどすけいえ》らが、義教の怒りに触れて所領を没収され、さらに永享六年二月二十九日には、長男義勝の誕生を祝って外戚《がいせき》日野義資《よしすけ》邸を訪れた、廷臣《ていしん》・諸将・僧徒が数十人処罰されている（『看聞御記』『満済准后日記』）。跡取りの誕生を祝うことに対して処罰が行なわれたのは、人びとに恐怖を抱かせただろう。

こうした行為は独裁的にみえるが、義教は政治そのものについては合議制を重んじていた。真面目で意欲的だったことから、政治的苦難に直面して疑心暗鬼になり、些細《ささい》なことで人びとを罰するようになったのではないだろうか。嘉吉《かきつ》元年（一四四一）七月に幕府は義教の怒りに触れたものを許しているが、『薩戒記』によれば義教が追放した人物は、永享六年六月の時点で前関白近衛忠嗣《このえただつぐ》以下八十人にも及んでいる（今谷明『足利将軍暗殺』）。

義政が誕生してから五年目の嘉吉元年六月二十四日に、義教が突然殺害されるということが起こる。守護大名の赤松満祐《みつすけ》の邸宅に招かれて、猿楽を見物していた時に襲われたという（『看聞御記』）。次は自分が処罰されると思い込んだ満祐による謀殺だった。

将軍になった義政

反乱を防ぐために直ちに八歳の義勝を次期将軍とすることが決定されて、嘉吉元年（一四四一）六月二十四日に義勝は、伊勢邸から将

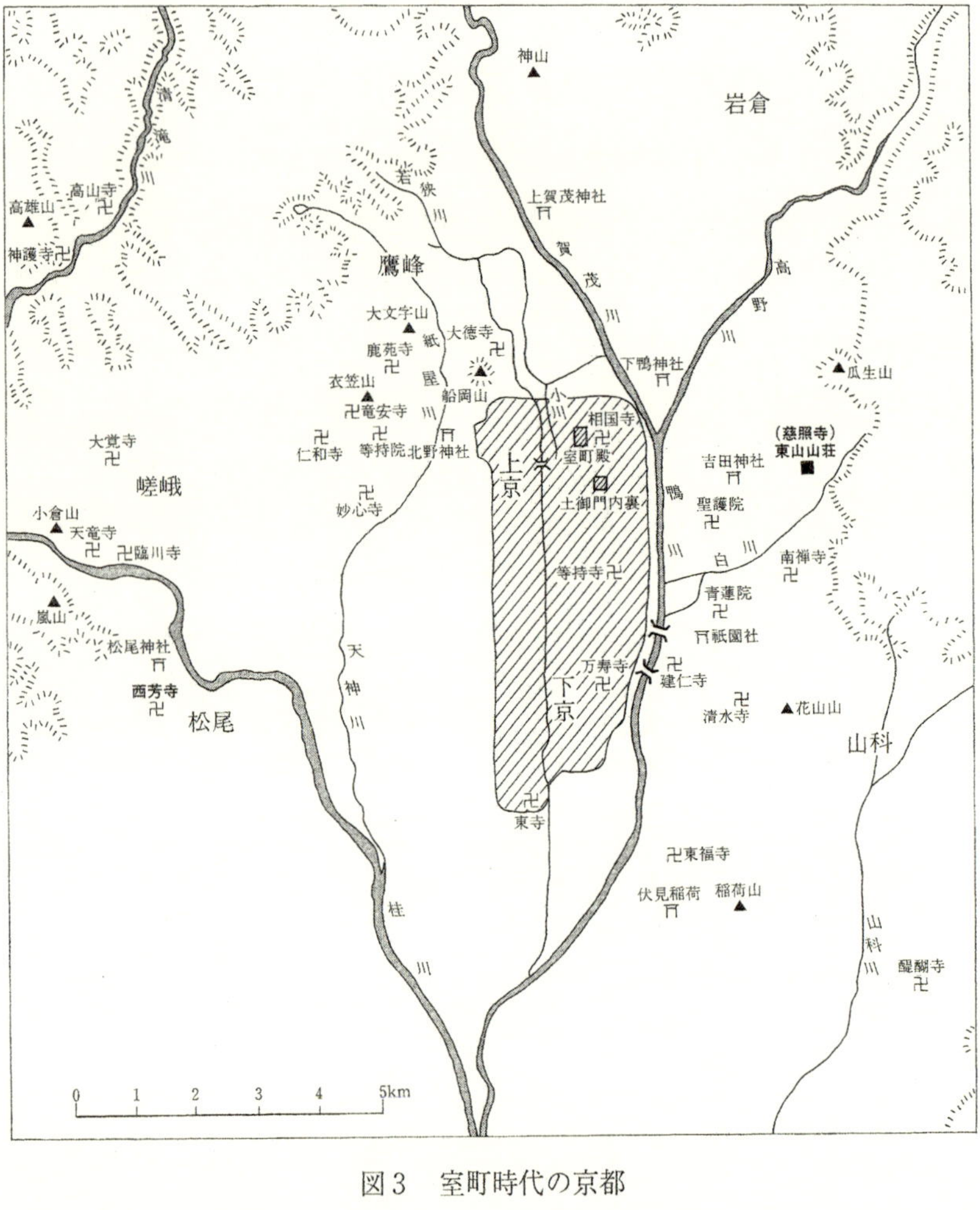
神山
岩倉
高山寺
高雄山
神護寺
鷹峰
上賀茂神社
賀茂川
高野川
大文字山
大徳寺
鹿苑寺
衣笠山
船岡山
竜安寺
下鴨神社
瓜生山
相国寺
室町殿
土御門内裏
上京
下京
大覚寺
仁和寺
等持院
北野神社
(慈照寺)
東山山荘
吉田神社
嵯峨
妙心寺
聖護院
小倉山
天竜寺
臨川寺
白川
南禅寺
等持寺
青蓮院
嵐山
祇園社
松尾神社
万寿寺
建仁寺
西芳寺
清水寺
花山山
松尾
山科
東寺
東福寺
伏見稲荷
稲荷山
桂川
天神川
紙屋川
鴨川
小川
若狭川
清滝川
山科川
醍醐寺
0 1 2 3 4 5km

図3　室町時代の京都

軍の邸宅だった室町殿に移っている（『斎藤基恒《もとつね》日記』）。しかし、その義勝が二年後の同三年七月二十一日に、突然死去するということが起きてしまう。『師郷記』によると、七月十三日には義勝が痢病《りびょう》だという噂が流れている。痢病というのは腹痛と下痢が激しくなる赤痢の類の伝染病で、大人は回復するが子供にとっては命取りになる疫病だった。

幕府が不安定にならないように、直ぐに将軍を決定することが重要だったからだろう。義勝の死去から二日後の七月二十三日に、兄弟の順位に従って義政が将軍職を継ぐことが、管領や守護大名によって決定されている（『看聞御記』など）。管領と守護大名たちの合議制によって、室町幕府は成り立っていたということが感じられる。烏丸資任に養育されていた義政は、この時わずか八歳だった。

将軍になると同時に室町殿に移るのが慣例だったが、「化生《けしょう》の妖物等出で来」（『康富《やすとみ》記《き》』嘉吉三年八月二十二日条）という状況だったことから、文安二年（一四四五）五月二十八日に室町殿の寝殿などの建物を烏丸殿に移築し（『斎藤基恒日記』）、長禄《ちょうろく》三年（一四五九）十一月十六日まで義政は居住し続ける。烏丸殿は武者小路の北、北小路（今出川通《いまでがわどおり》）の南、万里小路《までのこうじ》の西、高倉小路の東に位置した邸宅で、室町殿にも近かった。

将軍が独断で政治を行なうことの弊害を身近に経験した者たちは、武士に限らず公家・

僧侶など幅広い階層に及んでいた。将軍を独裁者にはさせないということが、多くの人びとの暗黙の了解だったのではないだろうか。政治に対して決断を下せない人間にするのは、それほど難しいことではない。酒と女性におぼれ、判断力と決断力がない優柔不断な、優雅な遊びだけを追求する将軍にすればよかった。周囲の期待どおりの将軍に義政は育っていったようにみえる。

将軍の後継者に定められた義政には、嘉吉三年暮れからは儀式が多くなって、「評定《ひょうじょう》初め・礼始め・御的・伊勢参宮・読書始め・乗馬始め・弓始め・和歌・蹴鞠始め」などの行事が、文安四年まで行なわれている（『看聞御記』など）。宝徳《ほうとく》元年（一四四九）三月十一日には、室町殿から移築された寝殿が完成して、将軍邸としての体裁が整えられた（『康富記』）。四月十六日に十四歳（満十三歳。以下、同様に数え年を記す）で元服して、二十九日には将軍宣下を受けて初めて政務文書に花押《かおう》を署名する「判始《はんはじ》め」を行ない、八月二十八日には宮中への参内《さんだい》が始まっている。

元服した三年後の享徳元年（一四五二）の将軍としての義政の生活を『師郷記』で見ると、次のようになっている。

一月十日　参内、一月十三日　和歌会、一月二十日　松囃子《まつばやし》・猿楽、一月二十三日細川勝元邸訪問、三月二十二日　院参、四月十日　管領畠山持国邸訪問、四月十一日　和歌会、四月十六日　蹴鞠、八月十七日　尊星王法、八月二十二日　和歌会、九月十日　五壇法、九月十三日　月例和歌会、十二月二十日　修法、十二月二十七日　参内・院参

享徳三年一月二十三日条にも、「室町殿、管領宿所に渡御す。毎年の儀なり」とあるから、細川邸への訪問は以後慣例化していったのだろう。毎月一回、十三日に和歌会を開くのが決まりのようになっていて、義政の和歌への傾倒ぶりがうかがえる。禁裏《きんり》で和歌の会が盛んに催されていたこととも関連しているのだろう。和歌だけでなく、義政は猿楽・田《でん》楽《がく》・蹴鞠にも興味を持っていたらしい。このようにして義政は貴族文化になじんでいく。

享徳二年六月十七日に相国寺内の鹿苑院《ろくおんいん》に出向いているが、これが義政にとって寺院への初めての出御《しゅつぎょ》となっている（『師郷記』）。一見気楽な訪問のようにみえるが、寺院との関係を保つための重要な任務だった。寺院は将軍に対して献物《けんもつ》と呼ばれた引き出物を贈るのが慣わしになっていたので、義政が五山の禅院を訪れることを繰り返したのは信仰心に由来するのではなく、幕府の財政を補うためのものだった（今谷、前掲書）。

日野富子との結婚

公家の日野家から妻を迎えることが、義満以来の足利将軍家の伝統になっていた。康正《こうしょう》元年（一四五五）八月二十七日に、義政の正室として日野大納言勝光の妹の富子《とみこ》が選ばれている（『康富記』）。日野富子の父親重政は、義政の母親日野重子の兄に当たるので、義政夫妻は従兄妹《いとこ》の間柄ということになる。結婚したときに富子は十六歳、義政は二十歳だった。

だが、義政は富子と結婚する前にすでに幾人かの女性と付き合いがあり、子供まで産ませている。享徳二年（一四五三）二月十七日に一色《いっしき》右馬守の娘の間に「五伊上臈《じょうろう》」と呼ばれた女子、翌三年七月十二日には造宮使の妹の間に「阿基子の局《つぼね》」と呼ばれた女子が生まれていた。富子と結婚する康正元年にも、一月八日に大館《おおだち》常誉の妹（今参局《いままいりのつぼね》）との間に、「惣持院《そうじいん》」と呼ばれた女子が生まれている。また、富子と結婚してからも、長禄二年（一四五八）一月二十七日と翌三年一月十日、寛正《かんしょう》四年（一四六三）七月七日に赤松伊豆刑部少輔《ぎょうぶしょうゆう》の妹（常徳院）に女子を産ませている（『尊卑分脈《そんぴぶんみゃく》』）。いくら相続する男子を産むことが必要だったとはいえ、女性関係は乱れていたとしか言えない。

しかし、富子との仲は悪くはなかった。父義教が重子を連れて出向いていたように、義政も富子と花見をしたり、寺院に詣でたりしている。富子を伴って参内することもあったが、富子は天皇や貴族に対して物怖《ものお》じせずに接している（『親長卿記《ちかながきょうき》』）。貴族の出身でなかったら、自由な振舞いはできなかったのではないだろうか。日野家から妻を迎えることが将軍家の伝統になっていたのは、朝廷との関連を重要視したからだろう。

富子と結婚する前後に政治の実権を握っていたのは、義政の側近たちだった。『臥雲日件録抜尤《がうんにっけんろくばつゆう》』の康正元年一月六日条に、

世に三魔の説あり。俗にいうところの落書というものなり。三人の形を画き、路頭に立つ。けだし政《まつりごと》は三魔に出づるなり。御今《オイマ》、有馬《アリマ》、烏丸《カラスマ》なりと云々。

と書かれているように、「三魔」と呼ばれた今参局・有馬持家・烏丸資任の三人が、目立った存在だった。

将軍近習《きんじゅうしゅう》衆の大館氏出身だった今参局は、義政に寵愛されて子供も産んでいたが、一人目を身ごもったまま追放され、長禄三年（一四五九）一月に自害させられている。義政が自由に政治を行なえるように管領・大名たちを押さえ込もうとしたことが、反感をまねいたらしい（河合正治『足利義政と東山文化』）。烏丸資任は義政の母重子の従弟《いとこ》だったことから、幼かった義政を養育していたが、義政が将軍になってからも烏丸殿に居住し続けたために、有力な側近になったのだろう。有馬は失脚した後には、康正元年十二月十四日に

京都を去り、伊勢国において僧侶になっているが、『師郷記』は「室町殿（義政）の無双の寵人《ちようじん》なり。その故を知らず」と奇妙な表現をしている。

義政の理想の政治と現実

長禄三年（一四五九）九月十日に東福寺霊隠軒の大極《だいぎよく》は日記に、大相公《だいしようこう》（義政）は明徳を行なうと雖《いえど》も、群小近侍をなさば、告ぐる事すなわち曲を以って直となし、非を以って是となす。

と書いている（『碧山日録《へきざんにちろく》』）。義政は善政を行なおうとしているが、近臣の者たちがそれをさえぎっているという状態だったらしい。『臥雲日件録抜尤』の同年十二月十七日条によると、

サマザマノ事ニフレツ、ナゲクゾヨ　道サダカニモヲサメエヌ身ヲ

と義政は苦悩を歌に詠んでいる。

義政が善政を行なおうとした背景には、父義教のことがあった。『経覚私要鈔《きようがくしようしよう》』の寛正二年（一四六一）二月七日条には、楠葉《くすば》新右衛門の語り伝えたことが次のように記されている。

去月十八日夜、室町殿（義政）の御夢に、普広院《ふこういん》殿（義教）束帯《そくたい》にて御枕に立しめ賜いて云う、吾存生の時罪を犯す事多きに依り、苦しみを受く事一つに非ず。［略］

父義教が多くの罪を犯したことを義政は悩んでいたために、夢にまで見ることになったのだろう。十月四日に西芳寺の庭園を見に出かけた際にも、紅葉を見渡しながら、「洛中の人家衰微す。公事《くじ》繁きに依りこれを為《な》すか」と側近の者に語っている（『蔭凉』）。二十代の義政は善政を行ないたいという希望を持っていたといえる。

康正元年（一四五五）十一月十八日に、義政が会所（歌会・闘茶《とうちゃ》などの会合に用いた建物）の移動を管領細川勝元に命じているのは（『康富記』）、この年に日野富子と結婚していることと関連しているのだろうか。建物の改修工事が終了した長禄元年二月二十七日に、義政は東寺不動堂前のマツを庭に移そうとするが、醍醐《だいご》寺三宝院住職の義賢《ぎけん》に止められている（『史料綜覧』）。しかし、義政は懲りずに翌三月十九日には、河原者を東寺に遣わして樹木を検分させている（「五方算用状」『教王護国寺文書［五］』）。義政は晩年になってから庭園に興味を持ったのではなく、作庭《さくてい》癖はこの時から始まっている。義政が政治を刷新したいという気持や結婚したという自覚が、庭園工事についても自分の意見を積極的に言うことになったのだろう。

だが、改修が終わる直前の長禄二年十一月二十七日になって、義満・義教の御所だった室町殿に移転することを突然決定し、諸大名に新たな築造を命じている（『在盛卿記《ありもりきょうき》』）。

このことについては『大乗院寺社雑事記』の十二月二日条にも、「一天下の大儀に如《し》くべからざる事か。［略］この間の御山水《せんすい》等は益無きの事なり」と驚きが書かれている。室町殿への突然の移転決定は、義政の気まぐれのようにみえるが、烏丸殿の改築は敷地が狭いために思い通りにはいかないことが、放棄の原因ではないだろうか。また、将軍である以上は父親のように、室町殿を本邸として政治を行なうのが当然だという考えが起きたようにもみえる。室町殿への移転は、義政が将軍としての自信と決意を示したということではないだろうか。

しかし、『長禄寛正記《ちょうろくかんしょうき》』が「国ノ飢饉《ききん》ヲアハレミ玉フ事ナク」と述べているように、造営工事に熱中したために、義政は国政から目をそらすことになる。寛正元年は春に大地震があり、大風・洪水が続き、五穀が熟さずに大飢饉となったことから国内は深刻な状況になっていたが、義政は積極的に対処しようとはしなかった。

花の御所での生活

義政が移転をすることにした室町殿は、『建内記《けんないき》』の嘉吉元年（一四四一）十月二十三日条によると、義満が創建したものだったが、北山殿《きたやまどの》に移った後は義持がここを邸宅にしたという。応永十五年（一四〇八）・十六年頃に義持が、尊氏と義詮《よしあきら》の旧宅（三条坊門殿）を改修して移り住んだことから荒廃してしま

図4　発掘された花の御所の庭園
(庭園遺構の年代は16世紀前半．1989年撮影)

ったが、義教が永享頃（一四二九―一四四〇）に義満の室町殿を元のように再興したとされている（図4）。

この時期が義政にとっては絶頂期だった。『応仁記《おうにんき》』は義政の浪費として、一番に義政が大将に任命されたことに対する拝賀だったとしている。義政は寛正元年（一四六〇）八月二十七日に右近衛大将に任命されている。二番に同五年三月（四月の誤り）の観世による糺《ただす》河原での猿楽公演、三番に七月の後土御門《ごつちみかど》天皇の即位、四番に同六年三月の華頂・若王子《にやくおうじ》・大原野での花見の会が挙げられている。『看聞御記』や『満済准后日記』によれば、父義教も、花頂山・若王子・常在光寺・大原野・鞍馬《くらま》・妙法院・青蓮院・西芳寺《さいほうじ》などで花見を行なっているので、その影響だろうか。五番に同年八月十五日の八幡宮《はちまんぐう》での放生会《ほうじょうえ》、六番に九月二十二日の春日社詣で、七番に十二月の大嘗会《だいじょうえ》、八番に文正元年（一四六六）三月の伊勢参宮、九番に花見の御幸《ごこう》となっている。花見の御幸は後花園上皇が行なったことだろうから、譲位した寛正五年七月十九日以降ということになる。

　義政の理想的な政治を行ないたいという思いを妨げたのは、義政の幼い時に教育を担当していた伊勢貞親だった。三魔の没落とともに貞親は、政所《まんどころ》執事《しつじ》という地位にあったことから、将軍の親衛隊だった奉行衆と密接な関係になり、野望をとげるために幕政を左右するようになっていた（河合、前掲書）。

　だが、正室の富子に男子が生まれなかったことや、政治に嫌気がさして引退を望んだことから、寛正五年十一月二十五日に義政が次期将軍として、異母弟の足利義視を立てようとしたために（『蔭涼』）、事件が持ち上がった。伊勢貞親は将軍がかわると形勢が不利になると考え、義視の暗殺を企てたが露見して、加担した蔭涼軒主の季瓊真蘂や赤松《あかまつ》政則《まさのり》らとともに、文正元年九月六日に失脚している（『後法興院記《ごほうこういんき》』）。

義政の隠棲願望

義政の山荘の構想

寛正《かんしょう》六年（一四六五）十一月二十三日に富子《とみこ》が義尚《よしひさ》（当初は義熙《よしひろ》）を産んだことで、義視が将軍になる可能性はなくなる。しかし、継承者騒動の間に隠棲《いんせい》したいという義政の気持ちは固まったらしく、同年八月十日に、義政は結城勘解由左衛門尉《ゆうきかげゆざえもんのじょう》に東山《ひがしやま》の恵雲院の地が山荘としてふさわしいかどうかを検分させている（『蔭凉《いんりょう》』）。十月八日に義政自ら恵雲院の地を踏査して、翌九日には山荘の敷地とすることを決定している。

この恵雲院は南禅寺所属の塔頭《たっちゅう》として禅僧叔英宗播《しゅくえいそうは》によって、その没年（嘉吉《かきつ》元年［一四四一］）以前に創立されたという。恵雲院の場所は東山でも銀閣寺の付近ではなく、

図５　足利義政像
（伝土佐光信筆，東京国立博物館蔵）

南禅寺山内だった（川上貢『日本中世住宅の研究〔新訂〕』）。『蔭涼』文正《ぶんしょう》元年（一四六六）七月六日条によると、東山の前将軍義勝の菩提所《ぼだいしょ》慶雲院を相国寺《しょうこくじ》の寿徳院に移転させてから、跡地に恵雲院を移して、山荘造営を本格化している。

七月十日条によると敷地として決定した理由は、

前面の数峰庭に列し、左に水流れ出でもっとも美となす。よって山を築き水を引くにその便宜《べんぎ》あり。

というように、眺望の良さと園池の水が得られることだった。

伊勢貞親が失脚した以上は、自由に政治を行なうことが義政には可能となったはずなのだが、なぜ義政は隠棲する気持ちになったのだろうか。第三代将軍義満《よしみつ》が息子の義持《よしもち》に将軍職を譲って北山殿《きたやまどの》の造営に取りかかったことや、義政がのちに義満と同様に「日本国王」を積極的に称したことを考え合わせると、祖父義満をみならって山荘で積極的に政治を行なおうとした可能性が考えられる（黒川直則「東山山荘の造営とその背景」）。

文正元年六月十五日に、近衛《このえ》家で虫干しの際に発見された焼失前の近衛房嗣第の図を、義政が借覧しているのは（『後法興院記』）、北山殿に劣らない理想の山荘を造営しようとしていたからではないだろうか。しかし、この後には恵雲院の地での建築・庭園造営の記録は見られない。そうさせたのが応仁《おうにん》の乱の開始だった。

応仁の乱と義政

応仁元年（一四六七）八月二十三日に、後土御門《ごつちみかど》天皇と後花園《ごはなぞの》上皇が乱を避けるために、室町殿に避難して来たことから仮皇居となり、天皇は寝殿、上皇は泉殿に居住することになった（『後法興院記』など）。『碧山日録《へきざんにちろく》』の応仁二年十一月六日条には、「東南に兵櫓あり、高さ十余丈、万年の塔と相上下す」と述べられている。東南に相国寺の塔と高さを競うように、三十《メートル》ほどの櫓《やぐら》が建っているのが見えたという状勢で、応仁の乱は室町殿にも迫っていた。

応仁の乱は十年にも及ぶ長い戦乱の時代だった。応仁元年六月に鹿苑寺が陣となり堂宇が破却され、八月に青蓮院《しょうれんいん》が焼かれ、九月には醍醐寺三宝院《さんぼういん》・南禅寺・相国寺が炎上し、西嵯峨《さが》では天龍寺・臨川寺《りんせんじ》・宝憧寺《ほうどうじ》（鹿王院《ろくおういん》）が灰燼《かいじん》に帰している。文明《ぶんめい》元年（一四六九）四月には西芳寺《さいほうじ》、七月には清水寺などが放火されて焼失している。

『大乗院寺社雑事記』の文明二年一月一日条によれば、「天下大乱中なり。よって内裏《だいり》御薬以下一切の節会《せちえ》等一向なし。この両三年この儀なり」という状態になっていく。一条兼良以下の貴族たちは、奈良の興福寺《こうふくじ》・古市、京都の下賀茂《しもがも》・宇治、あるいは土佐にまで戦火を避けて逃げて、九条右大臣だけが御所に居住しているに過ぎないとも述べられている。「京中ならびに東山・西山ことごとく以って荒野となり畢《おわ》んぬ」という状況だった。

『宗賢卿記』（『大日本八―三十四』）によれば、そのような時に義政と富子は夫婦喧嘩《げんか》をして、文明三年七月二十八日に義政は細川勝元《かつもと》の新邸へ移り、富子は母親のいる北御所に去っている。『大乗院寺社雑事記』の閏八月二十二日条には、

　御台《みだい》の御身上の事、色々と口遊ぶ。主上と内々密通の事あるの故、公方《くぼう》と主上は御中不和かと云々。稀有《けう》の事なり、千万の雑説と云々。

と、後土御門《ごつちみかど》天皇と富子との仲を疑う噂が流れていたことが述べられている。

文明四年になると世の中の状況はさらに悪化して、東軍は天皇が移り住んで三種の神器《じんぎ》が置かれた室町殿を本拠地とし、西軍は南朝の小倉宮の皇子と義視が居住した山名宗全《やまなそうぜん》（持豊《もちとよ》）の屋形を本拠地とする、という内乱状態となる（『大乗院寺社雑事記』一月二十五日

条)。

ところが義政はこの戦火の中で、室町殿において連歌《れんが》や猿楽《さるがく》に熱中していた。『後鑑《のちかがみ》』の文明四年条には次のような記載がある。

一月十七日　室町殿和歌御会、二月十七日　百韻連歌、二十三日　内裏五十韻連歌、二十五日　内裏連歌、三十日　連歌、三月二日・三日　内裏連歌、十一日　百韻連歌、二十四日　和漢連句、四月十六日　内裏連歌、十九日　内裏百韻連歌、九月九日　百首和歌

という具合に、義政は和歌の会を催したり参加したりしている。

義政の優柔不断さが紛争を引き起こし、無責任さが内乱を長引かせたと後世では批判されているが、将軍の側近を固めた奉公衆は、将軍を護るために東西両軍から絶対中立を堅持しようとしたらしい（河合、前掲書）。室町殿へ天皇が移転してくるように勧めたのは、天皇が西軍に連れ去られると、将軍側が賊軍になる恐れがあったからだろう。義政が天皇とともに連歌を作りながら考えていたことは、「一蓮托生《いちれんたくしょう》」ということではなかっただろうか。

小川殿での生活

『宗賢卿記』（『大日本八―三十四』）によると、文明三年（一四七一）八月三日に義政と富子は再び不和になって、義政は細川勝元の邸宅だった小川殿《こかわどの》に移っている。『経覚私要鈔《きょうがくしようしょう》』の同月十六日条には「御隠居所より御還住候」とあるので、小川殿を隠居所と称していたことがわかる。文明五年七月十四日には小川殿の御殿が一部完成し、義政は移り住んでいる（『親元《ちかもと》日記』十九日条）。

小川殿の完成に合わせたかのように、文明五年十二月十九日に元服《げんぷく》した九歳の息子義尚に、義政は将軍職を譲っている（『公卿補任《くぎょうぶにん》』）。足利義満は応永《おうえい》元年（一三九四）に三十七歳で九歳の嫡子《ちゃくし》義持に征夷《せいい》大将軍職を譲っているので、三十八歳になっていた義政は引退の時期と考えたのではないだろうか。しかし、義持が政治を自由に行なうことを義満が許さなかったように、義政も義尚の背後で操るようになり、それが親子喧嘩を起こす原因になっていく。『大乗院寺社雑事記』の文明六年一月一日条には、「天下大乱中なり。［略］乱八ヵ年に及ぶ。惣じては九ヵ年なり。関白《かんぱく》未だ拝賀せず、一切の公事等なき故なり」と書かれていることからすると、義政の引退は多くの人には無責任に見えたのではないだろうか。

文明八年三月二十日に、義政が河原者《かわらもの》（河原に住み、肉体労働や皮なめし・雑芸能などに

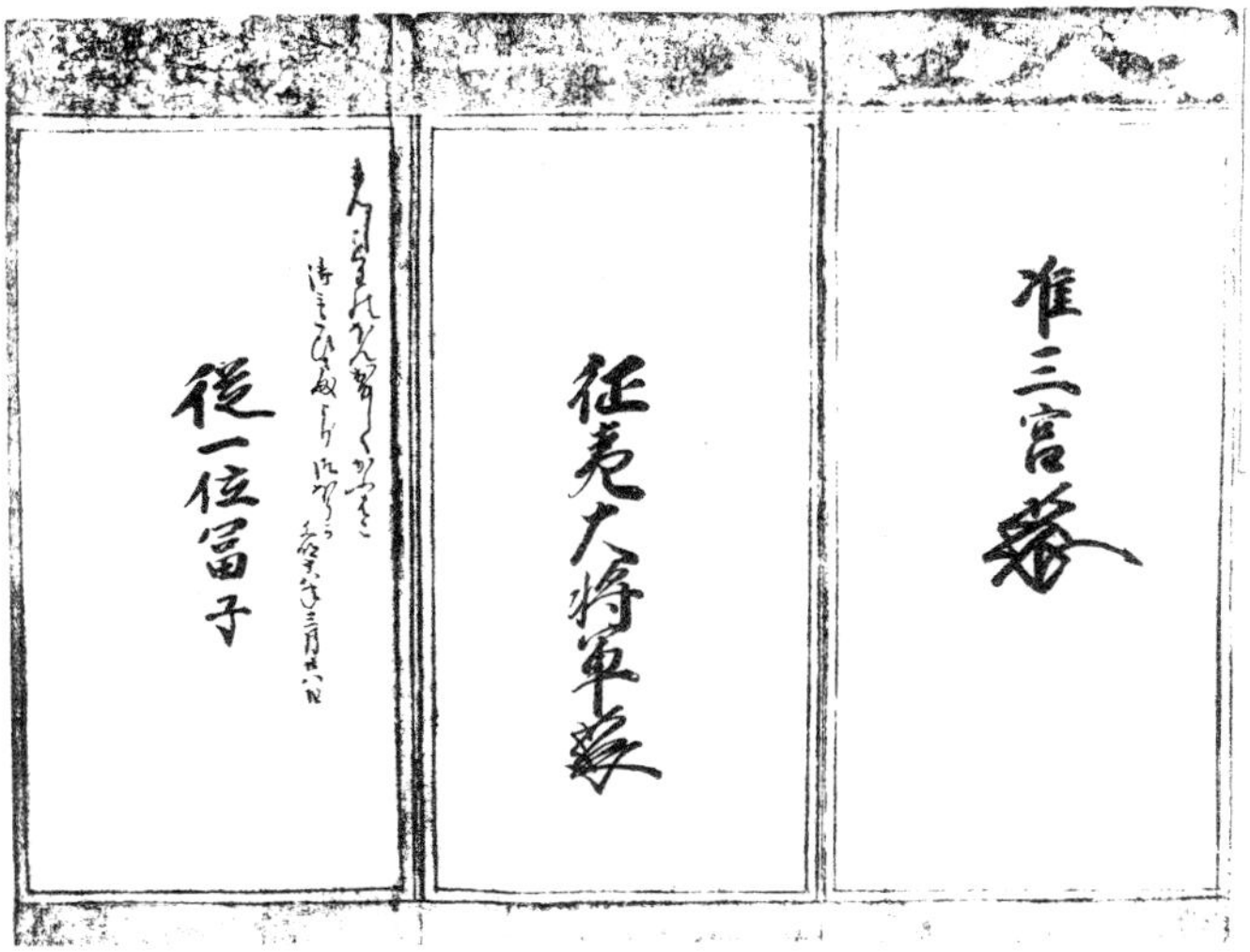

図6　義政・義尚・富子の筆跡（右から順に，大光明寺旧蔵）

従事した人々）に東寺の庭木を見させているのは、小川殿でも庭園をつくろうとしていたからだろう（『教王護国寺文書〔六〕』）。文明十一年一月十三日に義政の留守の間に小川殿を見学した近衛政家《まさいえ》は、「御座敷・御庭の体、比類なき事なり」と絶賛し、「山においてまた一盞《せん》勧められ、次に庭上においてまた盃酌《はいしゃく》あり」と接待を受けたことを述べている（『後法興《ごほうこう》院記《いんき》』）。小川殿の庭園は建物の前は平坦だったが、奥には築山《つきやま》が設けられていたらしい。『御飾記《おかざりき》』は西の御所の西方に泉殿が建っていたとしているので、園池が存在していたと考えられる。文明八年十一月十三日には室町殿が類焼したことから（『長興宿禰記《ながおきすくねのき》』）、義尚も一時期小川殿に移り住んでいる。

翌、文明九年十一月十一日に西軍に属す大内政弘・土岐成頼《ときなりより》・畠山義統《よしむね》らが京都から退いたことで、戦闘はひとまず終了となった（『親長卿記《ちかながきょうき》』）。この十年続いた応仁の乱で、幕府の権力は失墜したが、長期の戦乱で管領《かんれい》・諸大名などすべての勢力が疲弊《ひへい》したことから、その均衡の上で義政・義尚政権は存続していくことになる（飯倉晴武『日本中世の政治と史料』）。

『宣胤卿記《のぶたねきょうき》』によると、文明十三年一月六日に義政は富子と喧嘩したことから、小川殿に籠《こ》もって誰にも会おうとはしなかった。一月十日の条には、「御台と御不和（略）当時政道は御台の御沙汰なり」と記されているから、富子が政治の実権を握っていたことが喧嘩のもとだったらしい。『長興宿禰記』の同年三月二十一日条には、「諸大名・諸守護、一乱以来上意に応ぜず、寺社の本所領を押妨（横領）す」ということが原因と書かれている。

ところが、義政は思いもよらないような行動をとる。同書の文明十三年十月二十日条に、

今夜深更、室町殿［准后］、小河御所より忍び、長谷《ながたに》［岩倉］に渡御し、聖護院《しょうごいん》の御坊に入御す。人存知せず、一両（一人、二人）の輩を召し具す。

と述べられている。翌朝、諸大名以下みな驚いて参上したが、義政は一切対面しようとせ

ず、詳しいことは誰もわからなかったという。聖護院の坊は京都市左京区岩倉長谷町に存在していたもので（松尾慶治『岩倉長谷町千年の足跡』）、聖護院が平安時代末期に洛中の現在の場所に移ったことから、門跡の別荘となっていた。

東山山荘の造営

前将軍が突如誰にも告げずに、供も連れずに人里離れた岩倉の寺院に逃げ込んだのだから、これほどの醜聞《しゅうぶん》はない。だが、義政にとっては別荘に住むことは以前から計画していたことだった。前年の文明十二年（一四八〇）十月九日に、義政が義尚と富子とともに京都の西の郊外の嵯峨《さが》に出向いているのは、『大乗院寺社雑事記』の十月二十日条によると、山荘の適地探しのための遊覧だった。

義政が帰宅しないことから、文明十四年一月十五日には義尚の方から長谷に出向き、新年の挨拶を行なっている。義尚は富子と義政の喧嘩の仲裁をしたのだろうか、二月十七日になって富子は長谷の義政を訪れている（『長興宿禰記』）。夜明けに帰ったというのだから、仲直りしたような感じなのだが、物別れに終ったらしく、二月八日に開始された東山山荘の造営は続けられていく。

義政が東山山荘を造営したということは、わがまま勝手な行動にみえる。しかし、別荘を建てたのは歴代将軍の中で義政が初めてではなかった。『師守記《もろもりき》』の貞治《じょうじ》六年（一三六七）七月十二日条によれば、第二代将軍義詮《よしあきら》は花の御所の地を入手して上山荘《かみのさんそう》を建てている。義満は西園寺殿《さいおんじ》を改造して北山殿を造り、『看聞御記《かんもんぎょき》』の永享《えいきょう》八年（一四三六）八月十七日条によると、義教は梅津《うめづ》（右京区）に山荘を営んでいる。富子は寺となっていた梅津山荘を、別荘として利用しようとしたのだが、応仁の乱で西軍に焼き払われて実現しなかった。義政自身は小川殿を別荘代わりに使っていたわけだが、政治上と日常生活の不満が積もったことが、念願の山荘を造営することになった直接的な理由と考えられる。

東山山荘での生活　文明十五年（一四八三）六月二十七日に御殿の一部が完成したことから、義政は長谷殿から東山山荘に移っている（『親元日記』）。この日、義政が東山殿、義尚が室町殿と称するように、後土御門天皇から勧めがあった（『後法興院記』二十八日条）。これは義満が北山殿、その息子の義持が室町殿と称したことによっている。

当時は祝い事に太刀や馬とともに、金銭を贈るのが慣例になっていたことから、新築祝いとして、管領の畠山政長と守護大名の赤松政則《まさのり》・大内政弘・細川政之・京極政経《まさつね》などが三千疋《ひき》、六角《ろっかく》高頼・朝倉氏景・武田宗勲などが千疋を、義政に贈っている（『蜷川《にながわ》家文書［二］』）。『親元日記』の六月十七日条にすでに、「御相伴御衆　御太刀、白万疋。御供衆御太刀、金千疋。一ヶ国衆　御太刀、金三千疋」と記されていることからすると、事前に金額については取り決めがされていたらしい。

　だが、東山山荘に移住してからの義政の人生も、幸せなことばかりではなかった。世情は安定しなくて、文明十六年九月には畠山義就《よしなり》を討つために義政が自ら出陣しようとしたりしている（『大乗院寺社雑事記』二十三日条）。義政自身は寺院政策にも乗りだして、文明十六年には幕府が天龍寺や相国寺蔭涼軒の住持《じゅうじ》を任命しているが、翌十七年には義政が相国寺・建長寺・等持寺《とうじじ》・南禅寺などの住持を任命するように変化している（『蔭涼』）。

　このことに呼応するように、相国寺や建仁寺《けんにんじ》は所領が横領されたことを、義政に訴えて解決を願っている。そのほかの寺院に対しても義政は所領の安堵《あんど》を行ない、横領された場合には調停に乗り出している（『蔭涼』ほか）。五山十刹《ござんじっさつ》の住持任免権は将軍にあり、辞令を発給する際には手数料を徴収できたので、その収入によって東山山荘造営費と日常生活費を賄《まかな》っていたのだろう。

　義政は文明十七年六月十五日に臨川寺三会院《さんえいん》において得度し、横川景三《おうせんけいさん》の剃刀《ていとう》によって落髪している（『蔭涼』）。だが山城国内では、畠山義就と畠山政長が同族同士の闘争を繰り広げている一方で、翌十八年二月十三日には国人が平等院で会合を持って国中の掟《おきて》を定めるということがあり、八月二十四日に京都では徳政一揆によって各所で火災が起きている（『大乗院寺社雑事記』）。この争乱の最中に義政は西指庵・東求堂《とうぐ》を完成させ、東山山荘の造営を続行していく。

『蔗軒日録《しょけんにちろく》』（『大日本八―三十四』）の文明十八年六月十八日条は、当時の幕府の財政状況を、近衛大将任官の儀式の際に付き従った車の台数から端的に述べている。

大将拝賀は建武後、宝篋《ほうきょう》（足利義詮）の従車五百両（輛《りょう》）、鹿苑《ろくおん》（義満）三百両、人皆これを嘆く。普広（義教）二百五十両、今東山殿（義政）八十両、只今（義尚）三両あり。地に落つるの甚だしきは此《かく》の如し。数年の後、奈何《いかん》々々、嘆いて猶《なお》余りあり。

義政の晩年

長享元年（一四八七）四月十四日には義尚が病気で倒れたことから、義政は見舞いに出向いている。それでも義尚は九月十二日には六角高頼を討つために、近江《おうみ》の坂本に出陣している。その義尚の出陣姿を義政も富子も見送っている（『蔭凉』）。義尚の陣列に義政の家臣も加わっているのは、父親としての愛情なのだろう（表1）。長享二年三月二十四日には、西指庵《さいしあん》の飾り物二十一品が盗まれていることからすると（『蔭凉』）、京都の治安はよくなかったらしい。

延徳元年（一四八九）三月二十一日に近江の陣中の義尚の様態が悪化したことを聞いて、

表1　足利義政の家臣団（『常徳院江州動座当時在陣衆著到』の「東山殿様祗候人数」［『大日本8—20』］）

家臣名
大館刑部大輔政重・伊勢伊勢守貞宗・細川淡路治部少輔（政誠）・一色兵部少輔（政具）・伊勢右京亮（貞遠）・同上野介（伊勢貞弘）・武田下条甲斐入道・陶山備中守宗兼・宮若狭守宗兼・富永式部丞・本郷兵庫助（国泰）・左脇左京亮・藤民部中務少輔・後藤佐渡守（親綱）・金山備中入道・小田又六・杉原七郎・小早川美濃守代・玉置民部少輔・湯川安房守・山木中務丞・門真孫六・久世孫九郎・三浦兵庫介・本床孫左衛門尉・梠山弾正忠・真木太郎左衛門尉
右筆奉行　松田対馬守、御所侍　直海掃部介、御承侍　釣源坊・香潤坊・常松坊、同朋衆　朝阿・吉阿・立阿・相阿、御末衆　進士石見入道・同三郎左衛門尉・同次郎左衛門尉・二宮次郎左衛門尉・高橋

義政は驚愕したらしい（『大乗院寺社雑事記』）。妻の富子が見舞いに出向いているのに義政が行かなかったのは、文明十八年（一四八六）の秋ころから中風《ちゅうぶう》気味になっていたためなのだろう。二十六日に義尚は死去するが、『宣胤卿記』（二十四日条）はその原因を「平生一向に御食事なく、只水、酒、御淫乱許《ばかり》なり」としている。

『久守記』（『大日本八—二十七』）は都に義尚の棺を運んだ富子の母親としての嘆き悲しむ様子を、「一条ニテ御台御コシノ内ニテ、コヘモヲシマスムツカリケリ」と伝えている。悲しみは深かったのだろう、七月十五日に富子は岩倉の金龍寺で得度している（『蔭凉』）。父親の義政も後継者を失った悲しみを、

埋木《うもれぎ》の朽《くち》はつべきは残りゐて若枝の花のち

るぞ悲しき

と詠んでいる（『薨逝記《こうせいき》』『後鑑』）。

しかし、不幸はそれだけではなかった。この年の四月十二日の夜に義政は再び中風で倒れて、右半身に麻痺《まひ》が残る状態になってしまう（『蔭凉』）。『鹿苑日録』の五月十一日条にも「右手やや動く。未だ公文の判能《よ》くせず」と記されている。だが、義尚が死去したことから、義政は再び政務を執《と》らざるをえなくなる。この年に義政は、京都の鹿苑寺・東福《とうふく》寺・南禅寺・建仁寺・等持寺・臨川寺・真如《しんにょ》寺、鎌倉の建長寺・円覚《えんがく》寺、越前の弘祥寺、摂津《せっつ》の善住寺、越中の金剛寺、伊賀の安国《あんこく》寺、肥前の興聖《こうしょう》寺などの住持の任命を次々に行なっている（『大日本八―二十七・二十八』）。義政は幕府の財政を改善しようと、必死だったのだろう。

八月十四日と十月九日に中風の発作を繰り返し（『実隆公記』）、翌延徳二年、誕生日から五日目の一月七日に義政は死去する。五十五歳だった。この日のうちに相国寺の塔頭《たっちゅう》大智院を慈照院《じしょういん》と改め、東山山荘を慈照寺とすることが決定されている。二十三日に足利氏の菩提所の等持院で、義政の遺骸は荼毘《だび》に付された（『蔭凉』）。

義政の理想の山荘

夢窓国師の西芳寺庭園

足利義政《よしまさ》が造営した東山山荘《ひがしやま》を見た感想を、相国寺《しょうこく》蔭凉軒主《いんりよう》の季瓊《きけい》は長享元年《ちょうきょう》（一四八七）八月二日に、「東山に於いて西方の境界を移つさる」と記している（『蔭凉』）。東山山荘は西芳寺《さいほうじ》を参考にしているということだが、西芳寺のどのような点に義政は魅せられたのだろうか。夢窓疎石《むそうそせき》はどのような発想・技法で西芳寺の庭園をつくったのかを探ってみたい。

夢窓疎石の修行遍歴

春屋妙葩《しゅんおくみようは》（一三一一—一三八八）が編纂《へんさん》した『夢窓国師年譜』（以下『年譜』と略す）によって、夢窓疎石の修行遍歴をたどってみると、建治《けんじ》元年（一二七五）に伊勢国で夢窓は生まれ、四歳で甲斐《かい》国に移っている。九歳で天台宗だった平塩寺《ひらしおじ》の空阿《くうあ》に学び、十八歳になって奈良で密教の修行をするが、再び甲斐にもどっている。信仰上の悩みがあったためだろうか、翌永仁《えいにん》元年（一二九三）には禅宗に帰依《きえ》して、翌年に京都の建仁寺《けんにんじ》に参入している。

その後、鎌倉の円覚寺《えんがくじ》などで過ごし、正安《しょうあん》元年（一二九九）から鎌倉の建長寺で一山一寧《いっさんいちねい》について学んでから、万寿寺で仏国国師に教えを受けている。さらに陸奥《むつ》の白鳥や常陸《ひたち》の内草《うちのくさ》・臼庭《うすば》で修行を積んで、嘉元《かげん》三年（一三〇五）にようやく仏国国師から得悟《とくご》したことを認められている。

しかし、安定した地位につくことを拒絶した夢窓は、正和《しょうわ》二年（一三一三）に美濃《みの》国の長瀬山の虎渓《こけい》に移り、永保寺《えいほうじ》の基になった庵を営んでいる。翌年には現在も残る観音閣を建てているが、その前面の園池《えんち》も同時に設けたのだろう。水を引いて観音閣の横の岩山の上から池に滝として落とし、対岸から観音閣前に無際橋《むさいきょう》と呼ぶ橋を架けている。現在の橋は全長が十四メートルほどあり、中央に亭《てい》（屋根と四方の柱だけの小屋）を持つ「亭橋」と呼ばれる形になっていて（図7）、上杉本『洛中洛外図屏風《びょうぶ》』に描かれている細川殿の亭橋に似ている（図8）。観音堂仏壇内の墨書《ぼくしょ》からは、この橋は文明《ぶんめい》十年（一四七八）に再興されていることが判明しているが、当初から亭を持っていたかは疑問とされている（牛川喜幸

図7　永保寺の亭橋

図8　上杉本『洛中洛外図屏風』の細川邸の亭橋（米沢市蔵）

「永保寺調査概要」）。

文保《ぶんぽ》二年（一三一八）になると夢窓は土佐の五台山に移り、浦戸湾を見下ろす高台に庵を構えて「吸江庵《ぎゅうこうあん》」と命名している。翌元応《げんおう》元年（一三一九）には三浦半島の横洲（横須《よこす》賀《か》）に泊船庵《はくせんあん》を建て、海中に突き出していた背後の山の頂に塔を設け、「海印浮図《かいいんふと》」と名付けている。しかし、遍歴はそれでは終わらず、元亨《げんこう》三年（一三二三）には上総国《かずさのくに》の千町《ちまちの》荘《しょう》に退耕庵《たいこうあん》を建てて移り住んでいる。さらに正中《しょうちゅう》二年（一三二五）には後醍醐《ごだいご》天皇の要請を断りきれず、京都に出向き南禅寺の住職になるが、翌年には辞退して鎌倉に移ってしまう。嘉暦《かりゃく》二年（一三二七）に夢窓は鎌倉に瑞泉寺《ずいせんじ》を建立し、翌年に観音堂を建て、山頂に遍界《へんかい》一覧亭を設けている。この亭は背後の山道を登った先の東側山頂に位置していたもので、晴れた日には眼前に富士山が眺められたという（外山英策『室町時代庭園史』）。

正慶《しょうきょう》二年（一三三三）には後醍醐天皇の命によって再び夢窓は京都に出向き、嵐山の臨川寺開山となって塔頭三会院《たっちゅうさんえいん》を建てている。三会院庭園については『臨川家訓《りんせんかくん》』に、

予三会院の東に於いて仮山水を構う。その常住の菜園を犯用するを恐る。よって隣地を買い以ってこれに代《か》う。

と、夢窓自身が作庭したことを述べている。

夢窓は再び南禅寺の住職を務めたりするが、暦応《れきおう》二年（一三三九）四月に藤原親秀の招きに応じて西芳寺を再興して中興開山となり、この年には天龍寺の開山にもなっている。貞和《じょうわ》二年（一三四六）には夢窓は亀山《かめやま》十境を定め、この年に天龍寺内の雲居庵《うんごあん》に引退している。観応《かんおう》二年（一三五二）に再び天龍寺の住職となって僧堂を完成させたが、九月三十日に七十七歳で死去し、三会院に葬られた。

夢窓疎石の空間構成

師の仏国国師が北条氏から尊重されていたことが、後継者としての夢窓の人気を高め、次の時代の覇者となった後醍醐天皇や足利氏に信任されることにつながっている（川瀬一馬『夢窓国師　禅と庭園』）。禅宗の代表者としての勤めを果たさなければならないことが、絶えず夢窓を苦しめたが、五十歳になるまで世俗的な関わりを持つことを拒み続けている。

しかし、夢窓は各地を転々としながら、田園風景や河川や海を眺め楽しめる場所に庵や寺院を建てている。土佐の吸江庵や三浦半島の泊船庵は、海を見下ろす岬上に建てられたものだった。鎌倉の瑞泉寺や京都の天龍寺では寺の背後の山から眺望を楽しめるように、山頂に亭や塔を設置している。

夢窓が九歳から十七歳までの九年間を過ごした甲斐の平塩寺は、川瀬一馬によると「平塩寺の故地は眼下に笛吹《ふえふき》川の下流とともに釜無《かまなし》川の流域を一望に見渡す形勝の地」だった。夢窓は平塩寺で、高台から風景を眺め楽しむという魅力を知ったのではないだろうか。平塩寺からの眺望が、夢窓にとっての「原風景」だったように思う。

夢窓が関わった寺院で庭園を持つものは、美濃の永保寺が最初で、次に瑞泉寺・西芳寺・天龍寺と続いている。広い境内を持つ寺院では全体の景観を美しくすることが必要とされ、接客空間にもなった方丈には庭園をつくることが要求されたのだろう。夢窓は各地の名勝地や大寺院の名園を見ることが多かったことから、庭園に対して興味を覚えて自ら作るようになったのではないだろうか。

西芳寺の庭園

西芳寺（苔寺《こけでら》）について詳しく見てみよう（図9）。現在の西芳寺には総門・新本堂・方丈・書院・客殿・庫裏《くり》・湘南亭《しょうなんてい》・潭北亭《たんほくてい》・少庵堂・向上関・指東庵《しとうあん》などがあるが、慶長年間（一五九六―一六一四）に茶人の千少庵《せんのしょうあん》が築造したという湘南亭を除いて、他は明治十一年（一八七八）以降のもので、位置も当初のままではないものが多い（久恒秀治《ひさつねしゅうじ》『京都名園記［下］』）。夢窓疎石が造営した西芳寺庭園の姿は、どのようなものだったのだろうか。

応永《おうえい》七年（一四〇〇）の奥書を持つ『西芳寺縁起』（以下、『縁起』と略す）は、西芳寺の

図9　西芳寺（苔寺）の庭園

場所を古くは聖徳太子の別荘だったとし、奈良時代には行基《ぎょうき》が池を掘り、平安時代末期頃に延朗上人《えんろうしょうにん》が再度池を掘ったとしているが確証はない。建久《けんきゅう》年中（一一九〇―一一九八）に摂津《せっつ》国の太守だった中原（藤原）師員という人物が、堂舎を建立したというあたりから事実だろうか。

その後戦乱で荒れていたのを、子孫の藤原親秀が暦応二年（一三三九）四月に、臨川寺の住職だった夢窓を招いて再興し、宗旨を禅宗として寺名を西芳寺に変更している。だが、同年十月には夢窓は天龍寺の開山となっているので、わずか半年ほどの間に多くの建物を建て、庭園を大改修することは不可能ではないだろうか。夢窓が貞和元年（一三四五）に『西芳遺訓』を書いていることからすると、それまで西芳寺の住職を兼務していたと考えられる。

『年譜』には「仏殿もと無量寿（阿弥陀《あみだ》）仏像を安んず。今西来堂《さいらいどう》の扁《へん》（額）を以って す」とあるので、寺の中心だった西来堂と呼ばれた仏殿は、阿弥陀仏をまつっていた堂を そのまま利用したものだったことになる。平安時代から阿弥陀堂の前面には極楽浄土の雰囲気をつくるために池を設けることが多かったから、西芳寺の園池は前身の西方寺の時代に阿弥陀堂の前面に掘られたものを改修したものだろう。

夢窓は仏殿の南側に新たに閣を建て、二階部分を仏陀の遺骨を納めた水晶の塔を安置したことから無縫塔《むほうとう》と呼び、一階部分を瑠璃殿《るりでん》と呼んでいる。この閣は舎利殿あるいは瑠璃殿と呼ばれているが、ここでは舎利殿に統一したい。『蔭凉』長享二年（一四八八）十月四日条によれば、一階の瑠璃殿には坐禅のための床があり、四方の壁は蔀戸《しとみど》になっていたという。

また、「堂閣・僧舎の間、廊廡《ろうぶ》（廊下）環行し、その地に随《したが》い宜《よろ》しく繚繞《りょうじょう》す（廻る）」と『年譜』は述べている。おそらく廊下は地形に従って高下しながら、堂や閣を結んでいたのだろう。園池の南には湘南亭が設けられ、北には潭北亭が置かれていたという。

『蔭涼』長享二年一月十八日条によれば、これらの建物の命名は南陽忠国師の故事によっているという。唐の粛宗皇帝（在位七五六―七六二）が、南陽忠に「無縫塔」の意味を問いただして理解できなかったので、南国師の弟子の耽源に再びたずねたところ、「湘の南、潭の北、中に黄金有りて一国に充《み》つ。無影樹の下に合同船、瑠璃殿の上に知識なし」という答えを得たという話が、『碧巌録《へきがんろく》』［十八］』には記載されている。

建物はこれだけではなかったらしく、『空華日用工夫略集《くうげにちようくふう》』の永徳《えいとく》二年（一三八二）十月十三日条に、「方丈富士の間」とある。寛正四年（一四六三）十月五日に義政は、西芳寺の下部に存在した「富士の間」で手を洗ってから「蔵密《ぞうみつ》」で焼香し、舎利殿・西来堂・潭北亭を経て、「経王堂」へ移っている（『蔭凉』）。経路からすると方丈は園池の近くにあり、舎利殿よりも南側に位置していたと考えられる。

『看聞御記《かんもんぎょき》』の永享五年（一四三三）三月十八日条に、「前水《せんずい》の地景は言語のおよぶ所にあらざるなり」と記されているように、西芳寺の園池は非常に趣のあるものだった。『年譜』は園池の名称を「黄金池」、船小屋を「合同亭」というとし、「白沙の州、怪松の嶼《しま》」とも述べている。現在も園池の岸に見られる石組からすると、おそらく要所ごとに海岸の荒磯を模した石組を置くという、平安時代の伝統的様式を踏襲したものではないだろうか。

西芳寺庭園の上部では、背後の山頂に「縮遠《しゅくえん》」という亭が置かれ、山腹には指東庵が建てられ、登り口に向上関と呼んだ門が置かれていた（『年譜』）。この建物配置は大慧宗杲《だいえそうこう》著『宗門武庫《しゅうもんぶこ》［上］』の中に出てくる、熊《ゆう》秀才と亮座主《りょうざす》の故事によったものだったとされている。中国北宋の政和年間（一一一一―一一一七）に、熊秀才という人物が洪州の西山に出向いた時に、大きな石の上に一人の老僧が座っていたので、「あなたが亮座主ではありませんか」と尋ねたところ、東を指さしたのでそちらを見てから振り向くと、僧の姿は消えていて座っていた石の上だけが雨に濡れていなかったという。亮座主は悟りを開いて後、西山に隠棲し消息不明になっていた人物だった（玉村竹二『夢窓国師』）。

藤原親秀の誘いに応じて、「吾素《もと》から亮座主の風を慕いて、今西山の居を得る。また善ろしからずや」と夢窓が喜んだのは（『年譜』）、西芳寺が同名の西山と呼ばれる京都郊外の丘陵地帯に位置していたことによっている。亮座主の教訓から園池背後の山腹の庵に指東庵と命名したのは、禅宗の修行の本質を忘れないようにと弟子たちに示すためと、自分自身に対する戒めを含んでいるのだろう。

指東庵そのものは、『縁起』に「真如《しんにょ》（高丘）親王庵堂の跡に座禅堂を建て指東庵と名付」と書かれているので、昔の堂の跡に建てられたものだったことがわかる。『年譜』は

向上関《こうじようかん》から指東庵までを、

榛《しん》（雑木林）を剪り径《みち》を開き、四十九盤をなして（曲がりくねった所）、危磴《きとう》（険しい石道）を登る。曲折の間、苔滑らかに雲粘り、万木陰森。

と描写している。庭園上部は下部の園池部分とは、向上関をくぐった途端にまったく違った雰囲気になっていた。

朝鮮使節が見た西芳寺庭園

応永二十七年（一四二〇）六月十六日に、西芳寺を訪れた朝鮮使節の宋《ソン》希璟《ギヒョン》が書いた『老松堂日本行録《ろうしょうどうにほんこうろく》』（村井章介校注）には、「東軒の下に大池を鑿《うが》ち」とあるので、園池との関係からすると方丈・書院などの主要建物は、西側部分に存在していたと考えられる。

続けて「池中に三小島を築く」と記して、

一島は青松を種《う》え白沙を鋪《し》き亭を作る。二島は小楼を構え、西の島の楼上に各色の舎《しゃ》利《り》を蔵す。

と説明している。島にはそれぞれ建物が存在していたと希璟はいう。西の島は舎利が置かれていたというから舎利殿のことで、白砂を敷いた島の亭というのは湘南亭のことだろう。潭北亭は岸から離れていたから、二番目の島の楼というのはおそらく西来堂ということになる。西来堂は二階建てではないが、大きかったので楼に見えたのだろうか。

『縁起』は現在園池の中央に並ぶ二島を、足利尊氏が「朝日が島・夕日が島」と命名したとしているのだが、舟を二隻も浮かべると邪魔になるので、この二島は後世に浚渫《しゅんせつ》した泥土を盛ったか、拡張していると考えられる。三島の上に建物が実際に存在していたのだろうか。少し後の時代だが、長禄二年（一四五八）十月三日に義政は、寒さが厳しく霜が降りていたことから船に乗らずに、舎利殿と仏殿で焼香《しょうこう》を行なって潭北亭へと巡っている（『蔭涼』）。舎利殿も仏殿もそれぞれ背後の部分は、地続きになっていたと考えられる。

応永二十七年から長禄二年までの間、『縁起』は康正元年（一四五五）に義政が修復を行なったとしているが、他の史料には改修工事をしたという記録はない。三つの島を築いてそれぞれに建物を置いた方が、景観的には変化に富んだものになるが、舎利殿や西来堂が建っていた部分が園池に突き出した、いわゆる「出島」の形をしていたことから、島と勘違いして、希璟は「三島」と見なした可能性が強い。

嘉吉《かきつ》三年（一四四三）七月九日に西芳寺を訪れた、朝鮮の使節申叔舟《シンスクチュ》（一四一七—一四七五）の「日本国栖芳寺遇真記《さいほうじぐうしんき》」（『保閑斎集［一］』）には、さらに具体的な西芳寺庭園の様子が描かれている（久恒、前掲書）。「寺の中、渓流を林表に引き、匯《めぐ》らせて池となす」とあることからすると、当初は境内の南側を流れる西芳寺川の上流から園池に水を引いていたらしい。残存していた旧水路の方向からすると、黄金池の南西岸の影向石の石組群のところで流れ落ちていたと考えられる（森蘊《おさむ》『中世庭園文化史』）。

「池の西に瑠璃の閣あり。閣より北に行くに、橋ありて西来堂に通ず」と叔舟は書いているので、舎利殿は園池の西側に位置し、その北側に西来堂とも呼ばれた仏殿が存在していたことになる。橋で結ばれていたということは、北側の池（金剛池）の中に現在も残る「夜泊石《やはくせき》」と呼ばれる石群は、この橋桁の礎石だったことになる。

潭北亭については、

西来堂の後の軒を号して潭北という。渓流の経る所にして潭《ふち》に入る処なり。奇岩・恠《かい》石《せき》（奇妙な形をした石）を以って駢列《へんれつ》して（並べて）これを激す。

と述べられているので、西来堂の後方の渓流が流れ込んで淵となった所に建てられていたことがわかる。この淵の護岸石だと推定される石組群が、夜泊石の北東奥で昭和三十一年（一九五六）度に発見されている（中根金作『京都名庭百選』）。

また、湘南亭については、

池の心に居りて、南辺に近し。亭の南にその堤を欠きて、以って池水を泄《もら》してその悪を流す。小島あり。亭の左右に羅峙《らじ》して（並んでそびえ）、その数四なり。［略］

と記されている。「池の心」は園池の真中という意味ではなく、中心となる位置と解釈すれば、現在も南岸の中央部分に石垣的な構築物が残っているので、この部分に湘南亭が建っていたのではないだろうか。西芳寺川に近い排水口が設けやすい位置で、小島も点在していることは記述と合致する。

邀月橋《ようげつきょう》という橋が架けられていたことについては、

橋を作りてその腰を横絶し、以って池の東南に往来するを便にす。橋に因りて小閣あり、扁して邀月の橋という。

と述べられている。中央部分に休息するための小閣を持つ橋（亭橋）が架けられていたことになる。橋の位置は推定が難しいが、潭北亭の前からの流れが黄金池に入り込む部分は広くなっていただろうから、そこを渡るために橋を架けたと考えられる。現在の潭北亭の北側あたりに邀月橋は位置していたのではないだろうか。

森蘊と久恒秀治による建物の配置推定を参考に、以上の史料から夢窓疎石が造営した当初の西芳寺の状況を図化すると、図10のようになる。義政の東山山荘が西芳寺の影響を受

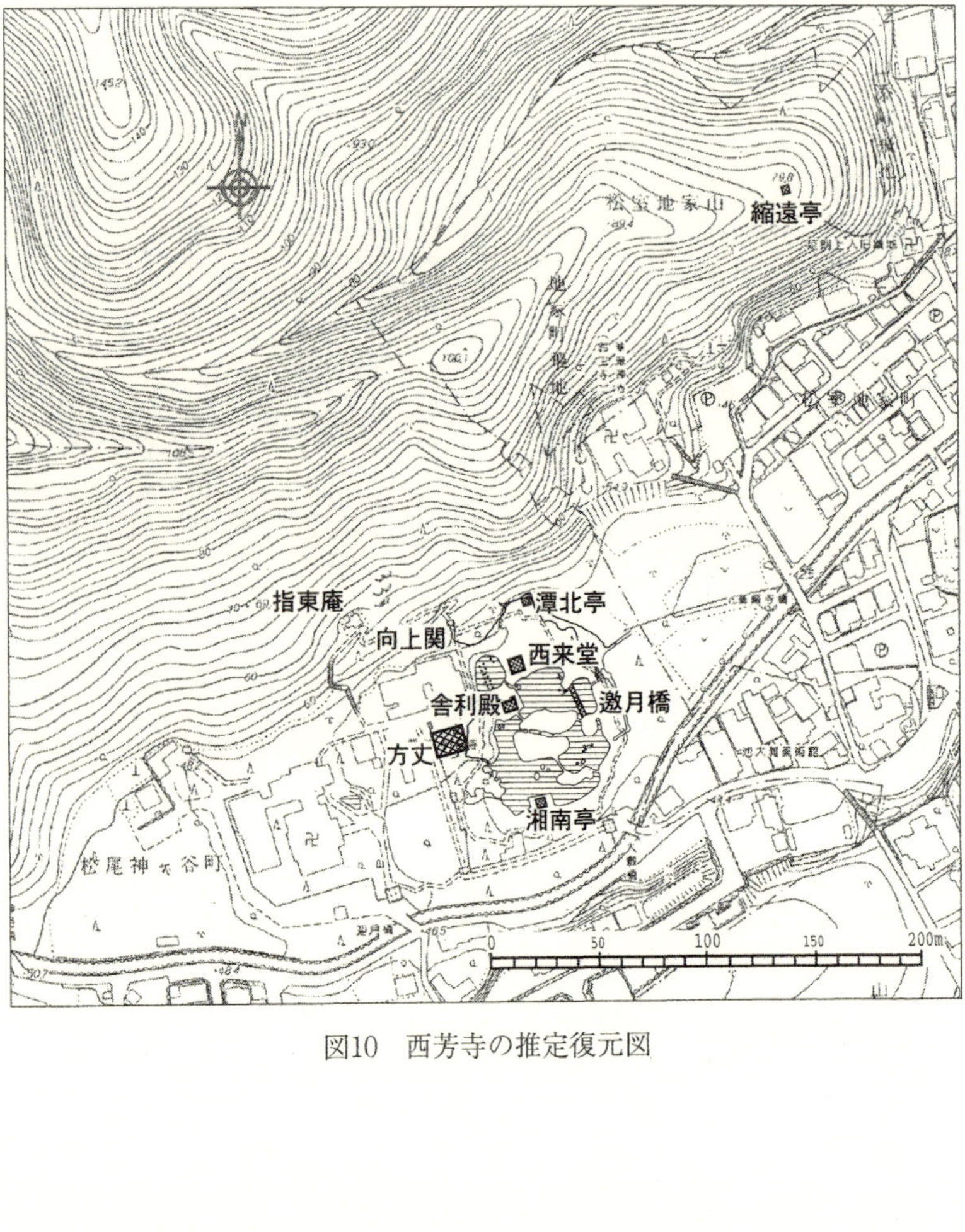

図10　西芳寺の推定復元図

けていることから、西来堂は東求堂《とうぐどう》、舎利殿は観音殿（銀閣）と同じ規模としてみた。

洪隠山石組の不思議さ

西芳寺庭園についての大きな疑問は、指東庵の東横に位置する洪隠山《こういんざん》石組のことが、室町時代のどの史料にも書かれていないことだろう（図11）。

今では誰も見逃すことがない枯山水《かれさんすい》の名作といわれるこの石組が、なぜ無視されているのだろうか。洪隠山石組は階段状になっているので縮遠亭へ続く道のように見えるが、意外と各石とも高くて登れるものではないので、階段のように見える部分は、自然の滝の水が流れ落ちる様子を表現したものと考えられる。

北村援琴《えんきん》著『築山庭造伝《つきやまていぞうでん》』（享保二十年〔一七三五〕）には、「会秀儲真《ちょしん》（すぐれたものに会い真実を得る）の体《てい》」と題して、西芳寺の庭園の図が載せられているが、園池部分については金剛池が長く、黄金池が小さいという奇妙な描写がされている。この図の洪隠山石組の所には、「此庭バカリ染殿地蔵乃作」と書かれている（図12）。

染殿地蔵というのは四条京極にあった祇陀林寺《ぎだりんじ》の塔頭《たっちゅう》染殿院の地蔵尊のことで、現在も四条通りに面した所にまつられている（梅谷繁樹「時衆の地方展開」）。踊念仏《おどりねんぶつ》と呼ばれた時宗《じしゅう》の信徒には「阿弥」号を名乗る者が多いことからすると、室町時代に作庭の名手といわれた善阿弥も時宗の信徒だったのだろう。

図11　西芳寺の洪隠山石組

図12　『築山庭造伝』（1735年）の西芳寺庭園

染殿地蔵が出現したということから、夢窓の下で善阿弥のような山水《せんずい》河原者《かわらもの》が働いていたか、あるいは夢窓よりも後の時代に、時宗信徒の山水河原者が作庭《さくてい》したということが考えられる。山水河原者が作った枯山水の石組があまりに立派だったことから、山水河原者の作とは言わずに彼らの信仰の対象だった染殿地蔵を作者とした、という推論が成り立つ。

しかし、『縁起』は染殿地蔵のことを次のように語っている。

此庭は地蔵菩薩の作也と世にいひ伝へしは、国師の御時いづくともなく日毎《ひごと》に一人の異僧来りて、手づから大なる岩をさゝげ大なる樹木をうつし植しが、庭の修造すでになりて、我は国師の徳を感じて来りしぞ、後のしるしにとて錫杖《しやくじよう》を国師に贈り、またその袈裟《けさ》を乞て掛羅《けいら》（軽羅、薄い布衣）を受てかへりぬ。其後四条染殿の地蔵尊御手に持給ふ錫杖はなくて御身に掛羅をかけて立給とや。

「此庭」とあるから西芳寺の庭園全体をいっているわけで、洪隠山石組だけではないことになる。また、「国師の御時」というのは、夢窓が作庭を指示している時にということを意味していて、「大なる岩をさゝげ大なる樹木をうつし植し」という表現は、西芳寺の園池の工事を指している感じが強い。『嵯峨行程』（延宝《えんぽう》八年［一六八〇］）や『菟芸泥赴《つぎねふ》』（貞享《じようきよう》元年［一六八四］）も、『縁起』と同様の話を載せていることからすると、『築山庭造伝』の著者は洪隠山石組が下方の園池とは作り方が違うと感じたことから、寺伝を都合のいいように解釈したのではないだろうか。

慈照寺の庭園の洪隠山石組に対応するものは、東側のお茶の井の背後にある岩盤が露出している部分だとされている。枯山水と呼ばれている部分は地質調査の結果、「もともと露出していた岩盤を利用したもので、石組周辺部に多少の手を加えた形跡が認められる」という結論が出ている（『史跡慈照寺（銀閣寺）旧境内保存整備事業報告書』）。この岩盤一帯は活断層の運動によって生じた破砕帯《はさいたい》とされている。義政が西芳寺をすべて真似しようとしたのならば、自然の岩盤を利用せずに洪隠山石組に類似した石組を設けただろう。義政が死去した後に洪隠山石組が作られたために、東山山荘には取り入れられなかったのではないだろうか。東山山荘の西指庵は西芳寺の指東庵に対応するとされていることからすると、西指庵付近に洪隠山石組的なものが存在しなければならないのだが、お茶の井背後の岩盤はあまりにも離れすぎている。

『縁起』の記載年代が不詳の追記には「洪隠山十詠」として、「向上関・通宵路《つうしょうろ》・売風店・指東庵・楞伽窟《りょうがくつ》・竜淵水・帰雲洞・座禅巌・金剛壇・縮遠亭」が挙げられている。この中で洪隠山石組にふさわしい名称を探すと、通宵路は向上関からの登り道のことで、

「窟・洞」は形状と会わないことから、金剛壇ということになる。「金剛」とは金属の中で最も硬いものということで、ダイヤモンドを意味している。洪隠山石組に最も適した名称だろう。この追記の時代頃までに洪隠山石組は作られたのではないだろうか。

縮遠亭の位置

文明元年（一四六九）四月二十二日に西軍が東軍の谷の城を攻めた際に、峰堂・西福寺などとともに西芳寺も焼亡している（『見聞雑記』）。『鹿苑《ろくおん》日録《にちろく》』の明応《めいおう》八年（一四九九）十二月十六日条に、その後再建された指東庵以外については、「西来堂・瑠璃殿・湘南亭・合同船は、遺趾《いし》存するのみ」と記されている。山頂にあった縮遠亭も焼失した後は、再建されなかった可能性が強い。現在では西芳寺の裏山の尾根部分は境内地ではないために、縮遠亭の位置は不明になっている。文献と現地調査によって、この縮遠亭の場所を明らかにしてみよう。

縮遠亭への経路だが、義堂周信《ぎどうしゅうしん》は康暦《こうりゃく》二年（一三八〇）十二月二十五日に、向上関から指東庵・惜烟亭《せきえんてい》・碑亭の順で縮遠亭に登っている（『空華日用工夫略集』）。この碑亭が亀島と呼ばれている石組付近に存在していたとすると、指東庵から西側に回り竜淵水（湧水）を過ぎたあたりで上に登って行ったと考えられる（久恒、前掲書）。

義堂は縮遠亭に登ったことを、「更高上如下坂」と書いている。「さらに高く上るに坂を

図13　縮遠亭の推定位置

下るが如し」と読むのだろうが、意味がよくわからない。現地に行ってみると状況が理解できる。指東庵から登って上の尾根に出たとすると、北側の山が高くて眺望が妨げられているが、尾根伝いに下って行くと次第に眺望がよくなり、数分の内に尾根の先端の高台に到達する。尾根にたどり着くまでは上って、それからは下ることを義堂は表現しようとしたのではないだろうか。

現在は樹木が茂っていて先端部分からは何も見えないが、「九重城の南北・東西、粲然《さんぜん》として（鮮《あざ》やかに）図画中の物の如し」と義堂は述べている。樹木を払えば遠くに町並みを見ることができるので、尾根の先端部分に縮遠亭は建っていたと考えられる。位置的には西芳寺の北東二百メートルほどにある、「延朗上人旧蹟地」の裏山ということになる（図10、

13参照）。

その後の西芳寺庭園

その後の西芳寺の状況を追ってみると、義政が没した年の延徳《えんとく》二年（一四九〇）九月十五日に指東庵が再興されている（『蔭凉』）。長くかかったのは資金不足だったためだろうか。長享二年（一四八八）七月五日条に記載されている「西芳寺領所々目録」には、美濃《みの》・近江《おうみ》・武蔵《むさし》・丹波《たんば》・備後《びんご》・但馬《たじま》・阿波《あわ》・摂津《せつつ》・駿河《するが》・播磨《はりま》・丹後《たんご》・加賀《かが》・和泉《いずみ》・伊勢《いせ》・山城国《やましろ》に寺領があり、米で二百三十斛《こく》二斗四升一合と銭で七百八十一貫八百十文の収入があるとされているのだが。

『縁起』の追記によれば、文明十七年（一四八五）の洪水後に蓮如上人が西芳寺を再興している。明応四年（一四九五）二月二十六日に近衛政家が、西芳寺の庭園を見て「泉石比類なし」と絶賛していることからすると（『後法興院記』）、蓮如は庭園も修復したのだろう。大永《たいえい》二年（一五二二）三月十六日に西芳寺を見物した鷲尾隆康《わしおたかやす》は、「庭を見る。池水清潔にして忽《たちま》ち俗塵を一洗す」と書いている（『二水記《にすいき》』）。

天文《てんぶん》三年（一五三四）七月二十日に再び兵火によって焼失したことから（『長享年後畿内兵乱記』）、天文十二年六月二十五日に子建《しけん》が西芳寺再興のための奉賀を依頼している（『鹿苑日録』）。再建の結果が、上杉本『洛中洛外図屛風』の左隻《させき》の左上方（第六扇）に描かれ

図14　上杉本『洛中洛外図屏風』の西芳寺（米沢市蔵）

ている状況ではないだろうか（図14）。園池岸近くの右側の建物はおそらく本堂で、現在の湘南亭に近い位置にある左側の建物は規模からすると亭的な建物だろう。夢窓時代の園池の中島も、屏風に描かれているような小規模のものだったと考えられる。

『西芳寺文書』によれば永禄十一年（一五六八）十一月二十日に、織田信長が庭園の再興を命じているので（外山、前掲書）、蓮如あるいは信長が庭園の改修を行なった時に、洪隠山石組を築いた可能性が考えられる。慶長年間（一五九六―一六一四）に茶人千少庵《せんのしょうあん》は、『洛中洛外図屏風』に描かれている亭を、改築あるいは撤去して茶室を建て、湘南亭と命名したのではないだろうか。

義政の母親日野重子の邸宅は、高倉殿あるいは高倉御所と呼ばれていた。『蔭涼』によれば、寛正《かんしょう》三年（一四六二）六月九日に義政は、当時は女人禁制だった西芳寺庭園を見てみたいと母親が言ったことから、高倉殿に西芳寺庭園を再現している。西芳寺の庭園を義政がどのように感じ取っていたかがわかる事例なので、参考に見ておきたい。

高倉殿の庭園

寛正三年二月九日に高倉殿の園池の改修工事が開始され、十二日には幕府役人の千秋《せんしゅう》刑部《ぎょうぶ》少輔から河原者に西芳寺庭園を見せるようにと指示があり、蔭涼軒から性秀《せいしゅうぎょうじゃ》行者を派遣している。この河原者たちが高倉殿の庭園の施工を行なったことになる。三月九日に義政が花見に訪れているが、二年前の元年三月二十六日にもやはり花見をしていることからすると、高倉殿の庭園のサクラはそのまま保存されていたのだろう。

四月一日に相国寺・南禅寺・建仁寺《けんにんじ》などから、庭木として「籠木《こみ》」を徴収している。刈り込んだ低木をかなり多く植栽したということだろう。四月十四日に園池の水を引き入れることを相談していることからすると、園池がなかったかあるいは小面積だったので拡幅したために、多くの水が必要になったのだろうか。六月九日に園池工事は完成して、水が引き入れられている。四ヵ月間の工事だったことからすると、亭の建設や園池の掘削《くっさく》、護岸石組の設置などかなりの改修がされたと考えられる。

寛正三年七月十七日条に、「庭間は西芳精舎の勝概を移さる。甚だ奇観をなすなり。亭子あるいは牀《しょう》（腰掛）を三所に構えらる」と述べられているが、七月二十二日条に「中間の牀」とあるので、中の亭は腰掛だったことになる。さんざん悩んだ末に亭の名は、東の亭が「琤玉《そうぎょく》」、西の亭が「晴月」、中の亭が「攬秀《らんしゅう》」に決定されている。東の亭については八月一日条に、「この水は飛流し沫《あわ》を濺《そそ》ぐにあらず」と記されていることからすると、園池の給水路の近くに建てられていたものだろう。

こうして見ると、園池の周囲に東・西・中の三亭を構えたことが、西芳寺の雰囲気に近かったことが想像される。西芳寺の構成から、東の亭は傍らから水が流れていたことからすると潭北亭、西の亭は東の亭に対峙《たいじ》しているので湘南亭、中の建物は平屋だったことからすると西来堂（仏殿）を模したものと考えられる。

しかし、寛正四年八月八日に重子が亡くなったことから、寛正六年三月十五日には今出《いまで》川《がわ》殿と名称が変更され、足利義視の邸宅として利用されるようになる（『蔭凉』）。この敷地は安土桃山時代に八条宮家の本邸となったが、現在は八条宮家の園池だけが京都御苑内の北側に残っている。

足利義政はどのような理由から、西芳寺庭園を高倉殿に取り入れたのだろうか。父親の足利義教も永享八年（一四三六）から嘉吉元年（一四四一）にかけて、毎年のように二月下旬から三月中旬に花見を行ない、九月下旬から十月中旬にかけて紅葉を見物している（『蔭涼』）。義教に仕えていた家臣たちの多くは健在だっただろうから、義教が西芳寺の花見と紅葉見物をしていたことを、義政の耳に入れていた可能性がある。

もう一つ考えられることは、夢窓疎石が観応《かんおう》二年（一三五一）九月三十日に没して百年目に当たることから、宝徳二年（一四五〇）九月二十七日に重ねて「仏統国師」という国師号が朝廷から贈られ、同年の九月三十日には百年忌が行なわれている（『康富記《やすとみき》』）。文献上では義政は長禄元年（一四五七）三月十四日に、初めて西芳寺に詣でているが（『臥雲《がうん》日件録抜尤《にっけんろくばつゆう》』）、夢窓の百年忌が影響しているのではないだろうか。

応仁の乱が始まる前年の文正《ぶんしょう》元年（一四六六）まで、義政は毎年のように春は花見、秋は紅葉を愛でるために西芳寺に出向いている。高倉殿に西芳寺の庭園を再現したのも、義政自身が西芳寺に魅せられていたからではないだろうか。

歴代将軍の邸宅と庭園

足利義政《よしまさ》が東山《ひがしやま》山荘を造営した際に、西芳寺《さいほうじ》を模倣しただけではなかった。都の中に建てられた歴代将軍の邸宅も、空間構成の上で東山山荘に大きな影響を与えていると言われている（川上貢『日本中世住宅の研究［新訂］』）。義政は都の中ではどのような邸宅で暮らしていたのだろうか。都の邸宅にも居住する上での快適さを感じていたとすれば、同様の建物を東山山荘でも再現しようとしたのではないだろうか。東山山荘の形態を明確にするために、義政が理想とした洛中の邸宅の建物と庭園を見てみたい。

尊氏と義詮の邸宅

初代将軍足利尊氏《たかうじ》は世の中が安定していなかったために、一定した邸宅を持たなかった。

尊氏は建武《けんむ》二年（一三三五）に二条高倉邸、貞和《じょうわ》五年（一三四九）には土御門大路《つちみかどおおじ》に面した邸宅から近衛《このえ》東洞院《ひがしのとういん》邸に移り、観応《かんおう》二年（一三五一）には土御門高倉邸にかわっている（外山『室町時代庭園史』）。

場所は確かではないが、庭園については夢窓疎石《むそうそせき》の詩に、「将軍府に山林泉流の楽しみあり」と題されているので（『夢窓国師語録』［下二］）、山林のように樹木が茂る築山《つきやま》の中から泉が流れ出ている庭園が、存在していたことがわかる。これなどは尊氏の邸宅だったとされる等持寺《とうじじ》の境内《けいだい》を描いた、「等持寺絵図」（文和《ぶんな》元年［一三五二］頃、図15）の流れと園池を想像させる。この等持寺の庭園については、『蔭凉《いんりょう》』長享《ちょうきょう》二年（一四八八）六月三十日条に、「滝つぼの石は、開山国師立てらる」と記されているように、夢窓疎石の作《さく》庭《てい》という言い伝えがある。

別な場所のようだが、東福寺《とうふくじ》の虎関師錬《こかんしれん》の『済北集《さいほくしゅう》』の詩題に「将軍の池亭に舟を泛《うか》ぶ」とあるから、大きな園池《えんち》に接して主殿が建てられていた邸宅も存在したのだろう。「源将軍池亭」という詩には、「一帯の流れを回して、急灘《きゅうたん》（急な瀬）激す。数挙の恠石《かいせき》、高巒《こうらん》（高い峰）を畳む」とあるので、流れがめぐらされ、石組が置かれた築山が存在していたことがわかる。

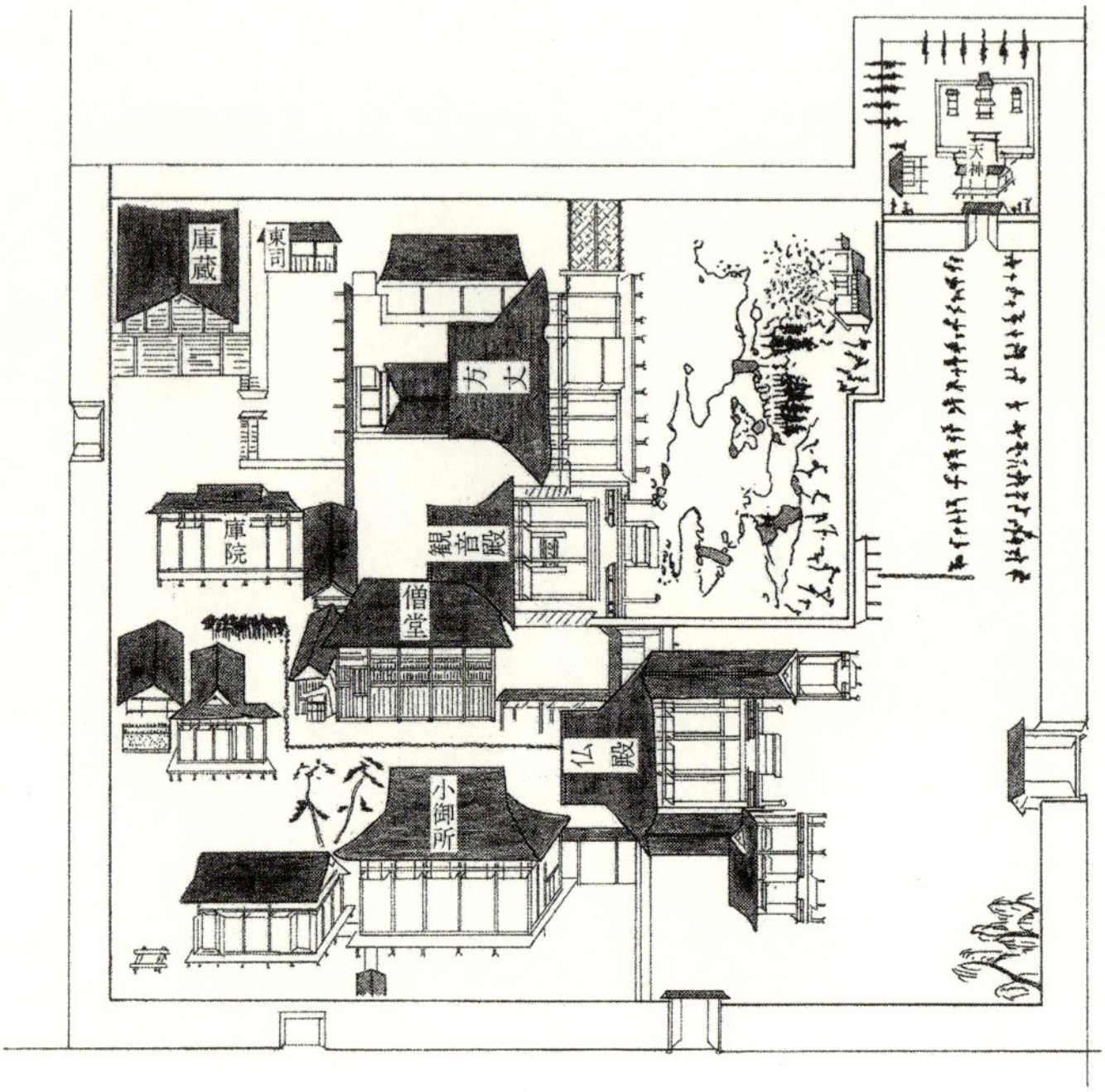

図15　「等持寺絵図」（1352年頃．模写）

第二代将軍義詮《よしあきら》は貞和五年十月二十六日に、尊氏の同母弟の足利直義《ただよし》の宿所だった三条坊門第に移り住んでいる（『太平記』〔二十七〕）。直義の三条坊門第の庭園については、雪村友梅《せっそんゆうばい》の「三条殿仮山水」と題した詩には、

　儘《ことごと》く門墻《もんしょう》に向かいて水石を籠《こ》め、すなわち城市より山林を弁《わか》つ。斜亭の緑篠《りょくしょう》は霜色を凌ぎ、曲径

（小道）の音松は雪心を傲《あなど》る。［略］

とあるから、石組が施された園池があり、マツが植栽された築山には亭が建てられていたらしい（外山、前掲書）。亭については『夢窓国師語録［下二］』の「撃蒙軒《ぎゃくもうけん》に題す［三条殿］」という詩に、「明牕《めいそう》（窓）蔀《しとみ》を発《ひら》けば東山に対し」とあるので、東山を眺めるために撃蒙軒を建てていたことがわかる。

この邸宅は観応二年二月二十日に戦闘で焼失したことから、義詮は貞治三年（一三六四）八月十日に改修を行ない、寝殿として修理大夫入道宿所を移築している（『大外記師夏記《だいげきもろなつき》』）。翌四年二月十一日に竣工し（『園太暦《えんたいりゃく》』）、規模は「三条坊門南、姉小路《あねやこうじ》北、万里小路東、富小路西」の一町四方で、西側が正面だった（『在盛卿記《ありもりきょうき》』）。第三代義満《よしみつ》が室町殿を建てるまでは、この邸が室町幕府の本拠地となった。貞治《じょうじ》五年三月四日に「花下《はなのもと》ノ遊宴」をしていることからすると（『太平記［三十九］』）、庭園にはサクラが数多く植栽されていたのだろう。

義満の室町殿と北山殿

第三代将軍義満は、崇光《すこう》上皇の仙洞《せんとう》御所跡地（元、義詮の上山荘《かみのさんそう》）と今出川公直《きんなお》の所有だった菊亭跡地を合わせて、永和四年（一三七八）三月に室町殿を造立している。位置は北小路以北、柳原以南、今出川以西、室町以

図16　室町殿跡の石碑
（室町通今出川の北東角）

東で、およそ南北一町半（約百八十メートル）・東西一町（約百二十メートル）の規模だった（図16）。『後愚昧記《ごぐまいき》』の永《えい》和《わ》三年二月十八日条の「仙洞」についての割注に、「伏見殿御所。花の御所と号す」とあることから、花の御所という呼び名は仙洞御所の時代にすでに付けられていたことがわかる。

室町殿は二つに分かれていて、仙洞部分は北御所、菊亭部分は南御所と呼ばれていた。全体的に見ると、寝殿を中心に西に公卿座《くぎょうざ》・中門廊・中門などの晴向き施設があり、東に奥向き施設の小御所・観音殿（勝音閣）・泉殿会所《かいしょ》が、園池周辺に配置されていたとされている（川上、前掲書）。

庭園の状況について『さかゆく花〔上〕』は、永徳元年（一三八一）三月十一日の後円融《ごえんゆう》天皇の来訪があったことを、次のように描写している。

くわつすい（活水。流動する水）池にたゝへ、かざむ（仮山。築山）にはをめぐれり。〔略〕水のおもて一ちやう（町）にもあまりて、まことのかいせん（海川）をみるがごとし。

園池は百二十㍍《メートル》四方ほどもあるという広大なものだったらしい。また、遣水《やりみず》については、かも河をせき入られたれば、たきの岩ねよりも透渡殿《すきわたどの》（壁のない廊下）のしたよりも、おちあふ水音まつ風もひとつにきこえていとおもしろし。

と述べている。賀茂《かも》川に堰《せき》を設けて水を引いて滝を作ったり、透渡殿の下で遣水に落差を付けて落としたりして、水の動きと音の両方を楽しめるように工夫している。

この行幸《ぎょうこう》の時に作られた歌に、「池水にうつるも久し小松原」とか「立ちならぶみぎはの松や池水に」と詠われていることからすると（外山、前掲書）、数多くのマツが海岸の松原のように植栽されていたと推定される。『愚管記《ぐかんき》』の永徳元年三月十四日条には、「水石以下、風流の体」と記されているから、石組を施した広大な園池は優雅なものだったのだろう。

義満が造営した北山殿《きたやまどの》は郊外の別荘だが、西芳寺とも関わりがあるので合わせて見ておきたい。将軍の地位を子の義持に譲った義満は、応永四年（一三九七）に鎌倉時代には著名な別荘だった北山殿を西園寺《さいおんじ》家から譲り受けて、大々的に改修している。敷地は現在の境内よりも広大なもので、北御所と南御所・崇賢門院御所から成り立っていた。北御所内には寝殿・小御所《こごしょ》などの主要な施設があり、寝殿の西方には現在も残る大池（鏡湖池）がつくられた（川上、前掲書）。鏡湖池は西園寺家時代の園池を利用したものと考えられるが、確証はない。北山殿の園池は江戸時代中頃には縮小され、現代の大きさになっている（図17）。

『臥雲日件録抜尤《がうんにっけんろくばつゆう》』の文安《ぶんあん》五年（一四四八）八月十九日条に、

舎利殿の北に天鏡閣あり。複道舎利殿と相通じ、往来は虚を歩くに似る。閣の北に泉殿あり［略］また会所の東北の山上に、看雪亭あり。

と書かれているように、鏡湖池の周辺には舎利殿（金閣）・天鏡閣・泉殿などが建てられていた。三階建ての金閣と近くにあった天鏡閣は、空中廊下で結ばれていたというから、天閣は二階建てで、「会所二階殿」とよばれた会所と同一のものと考えられる。また、山上の看雪亭は名称からすると、眺望を楽しむためのものだったのだろう。

義満は室町殿を造営した際に観音殿を建てているので、その影響も受けていると考えられるのだが、舎利殿は西芳寺を模倣している可能性もある。「複道舎利殿と相通じ」ということは、西芳寺の舎利殿が西来堂と園池の上に渡した廊下で結ばれていたことから、考案されたものではないだろうか。つまり西芳寺の西来堂を模して天鏡閣を建造し、西芳寺の舎利殿を参考にした金閣と複道で連結させたと考えられる。北山殿の山上の看雪亭も、西芳寺の縮遠亭を模したものではないだろうか。

義政は寛正二年（一四六一）十月十五日に鹿苑寺《ろくおんじ》の紅葉を見物し（『蔭凉』）、文明六年（一四七四）十月二日には子の義尚《よしひさ》と一緒に紅葉を楽しんでいる（『実隆公記』）。当時は鹿苑寺の庭園や周囲の山にはカエデなどの落葉広葉樹が多く存在していたのだろう。カエデを数多く植えることは、東山山荘には影響を与えなかったが、文明十七年（一四八五）十月十五日に義政が金閣に登っていることは（『蔭凉』）、慈照寺に観音殿（銀閣）を建てようとした動機になった可能性がある。

義持の三条坊門殿

第四代将軍義持は、義満が死去した翌年の応永十六年（一四〇九）に、義詮・義満が居住した三条坊門殿を邸宅としている。敷地は義詮の時代と同様に一町四方だった。同年六月二十四日に改修工事が始まり（『教言卿記《のりときょうき》』）、

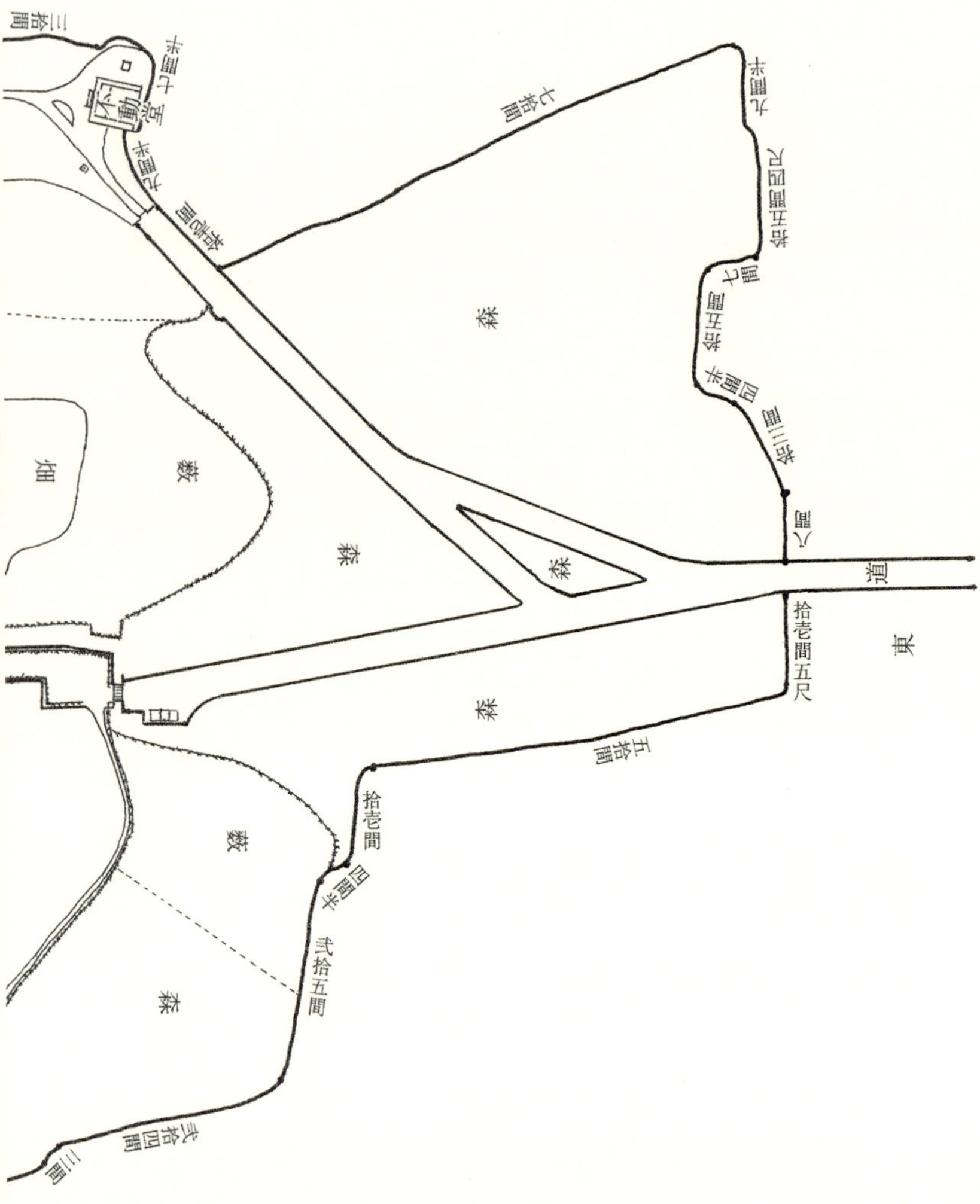

（1790年，建物名称一部省略．模写）

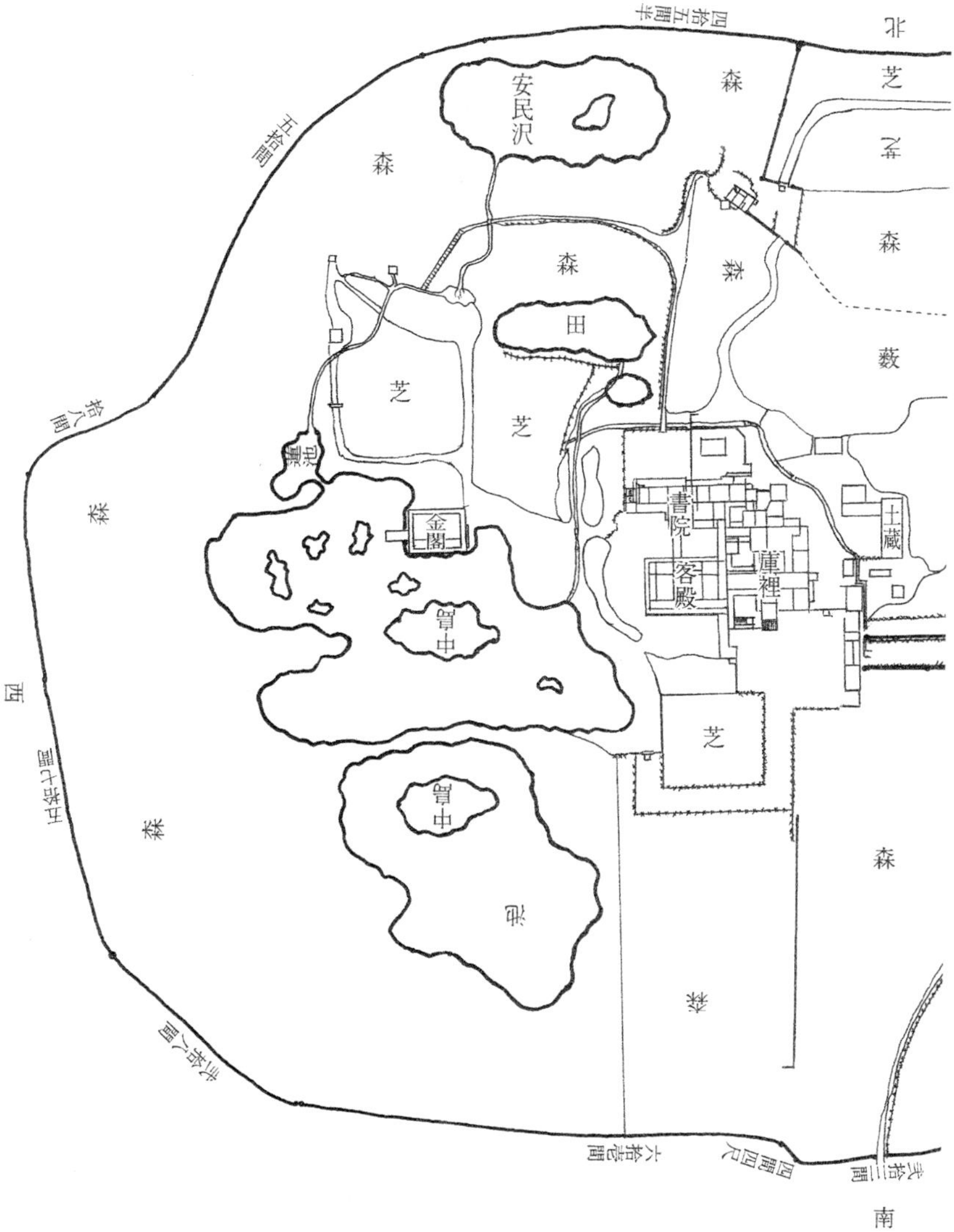
北
四拾五間半
芝
森
安民沢
五拾間
森
森
森
田
藪
芝
芝
拾八間
森
金閣
書院
客殿
庫裡
土蔵
中島
中島
芝
池
西
森
森
森
六拾壱間
四間四尺
弐拾三間
南

図17 「北山鹿苑寺絵図」

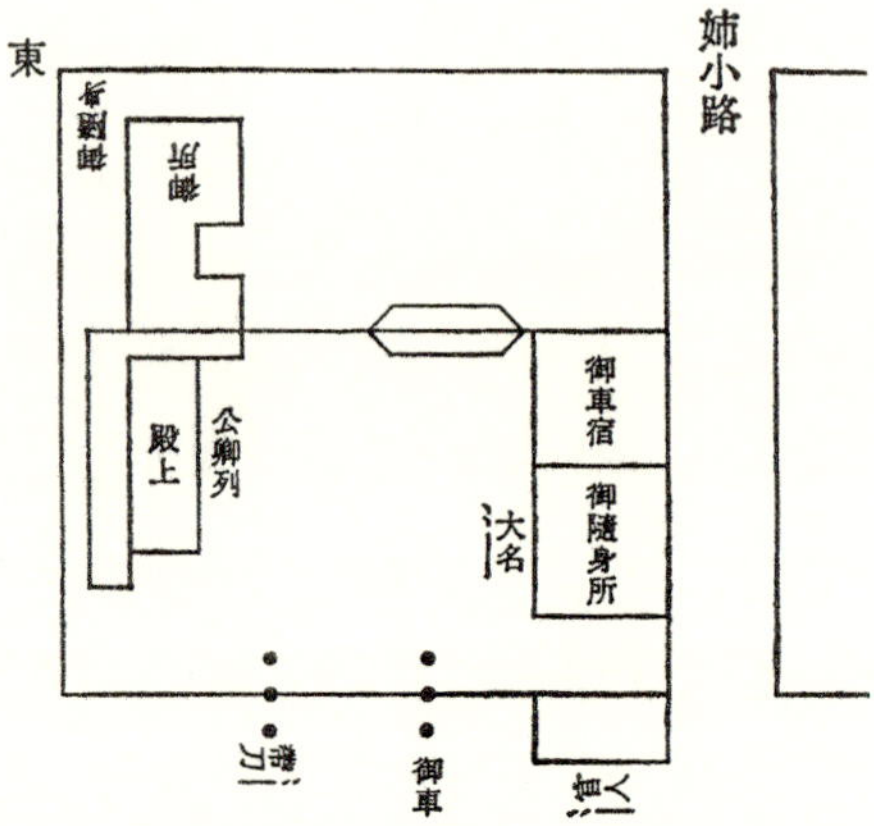

図18　三条坊門殿の建物配置（『建内記』）

七月二十六日に義持は移っている（『在盛卿記』）。三条坊門殿は西面の万里小路を正面としていて、施設としては、

寝殿・西中門・西中門廊・公卿座・殿上・随身所・車宿・小御所・泉殿・会所・奥会所・観音殿・持仏堂・九間対屋《たいのや》・台所・七間厩・四足門《よつあしもん》・唐門・上土門

などが存在していた（川上、前掲書）。

義持が死去した後のことだが、『看聞御記』の永享七年（一四三五）六月八日条に、「室町殿下御所［小御所は故大方殿御方の一宇］関白に進めらる」と記されているのは、この三条坊門殿を指している。当時の三条坊門殿の配置状況は、『建内記《けんないき》』の永享二年七月二十四日条の義教の右大将拝賀の儀の図に示されている（図18）。この図は行事の配置を示すためのもので、「公卿列・大名・御随身」などの書き込みがあるが、「御所」とあるのが寝殿で、「殿上・御車宿・御随身所」も本来の建物名

称と合致しているのだろう。

『繋驢橛《けいろけつ》』（『大日本七―十二』）によると、三条坊門殿では次のような「十境」が命名されている。「十境」を定めることは、鎌倉時代の禅宗寺院ですでに始まっていたことだったが、貴族としては二条良基《よしもと》が自邸の二条殿で行なっている。

勝音閣［観音を安んず］・覚苑殿［仏菩薩を安んず］・安仁斎・嘉会《かかい》［宴居］・養源［水殿］・探玄［禅室］・要関［探玄前に在り］・悠然《ゆうぜん》［亭名］・湖橋・蘸月池《さんげつち》

建築物を中心に景観的にすぐれた場所が選ばれていることが、特色になっている。観音像が安置されていた勝音閣と、仏菩薩が安置されていた覚苑殿は、観音殿の二階と一階を指すとされている。安仁斎はおそらく持仏堂、嘉会は宴居とも呼んでいるので会所だろう。養源は「水殿」とも言っていることから、泉殿と考えられる。探玄は禅室で、要関は探玄の前に設けられた門、悠然は小亭を指している。夢窓疎石は西芳寺で指東庵を建て、登り口に向上関を設置しているが、禅室の前に門を設けることは西芳寺に限ったことではなかったことがわかる。おそらく禅宗の風習なのだろう。湖橋は池に架けた橋、蘸月池は園池ということになる。

位置的には寝殿の東方に観音殿、東北に会所が存在していた。もう一つの会所や持仏堂・泉殿は園池周辺に存在していたと推定されている（川上、前掲書）。『建内記』の図では「御所」の前面が狭いが、園池の周囲に多くの建物が存在していたことからすると、実際はもっと広かったと考えられる。植栽については『満済准后日記《まんさいじゅごう》』の応永三十三年三月二十二日条に、「御庭の躑躅《つつじ》賞玩《しょうがん》す。諸大名参じ候て御大飲す」とあるから、庭園部分にはかなりの数のツツジが植えられていたらしい。

義教の三条坊門殿と作庭

義政の父親の第六代将軍義教は、正長《しょうちょう》元年（一四二八）一月十七日に将軍の後継者に選出され、三月二十一日に「姉小路北」の邸に移っている（『薩戒記目録《さつかいき》』『後鑑《のちかがみ》』）。「姉小路北」ということは三条坊門殿を指しているのだろう。永享二年（一四三〇）七月二十五日には三条坊門殿で右大臣拝賀を行なっているので（『建内記』）、義教が三条坊門殿を継承していることは間違いない。『満済准后日記』によれば永享元年二月四日に、義教は父義満の北山殿（鹿苑寺）の庭石を「此御所［三条殿］」に運んでいる。「三条殿」というのは三条坊門殿を意味していると考えられる。征夷《せいい》大将軍に任命されるのは三月十五日なので、将軍になる前に庭園改修を始めていることになる。このことから義教が積極的な性格だったことと、作庭好きだったことがわかる。

八月十六日には会所が上棟され、十月二十三日には義教の命で細川衆が三千人で、青《しょう》蓮院《れんいん》から「室町殿」に大石を曳《ひ》いている。「室町殿」は将軍邸に対する呼称なので、三条坊門殿の庭園のことになる。青蓮院は義教が僧侶時代に過ごした場所だったから、居宅に石を運ぶことは義教の強い要望だったのだろう。

『看聞御記《かんもんぎょき》』の永享三年二月七日条に、伏見宮貞成《さだふさ》は「室町殿に参る」と述べた後に、

およそ会所［奥・端両所］以下荘厳、置物宝物等、目を驚かす。山水殊勝、言語のおよぶ所にあらず。極楽世界の荘厳もかくの如きか。

と絶賛している。建物については「奥御会所・常御方・観音殿・御厩・会所」が存在していたとしているが、これらも義持時代の三条坊門殿と合致しているので、場所は三条坊門殿ということになる。

貞成は後年『椿葉記《ちんようき》』の中で、

御会所・前水（山水）など見廻れば、軒端の梅が香は薫麝《けいじゃ》（麝香《じゃこう》）を散するにことならず。池辺の柳の影は翠黛《すいたい》（緑の黛《まゆずみ》）をひたせるに相似たり。

と庭園についての感想を述べている。どちらかの会所の軒近くにウメがあり、園池の周囲にはシダレヤナギが植えられていたことになる。

義教の室町殿と作庭

『満済准后日記』によれば、永享三年（一四三一）七月二十八日に畠山・山名両人の申し入れによって、「上御所［室町殿］」、つまり父義満の室町殿の跡に新御所を造立することが決定されている。規模は義満の室町殿と同様で、南北一町半、東西一町ほどだった。やはり西面の室町小路が「晴れ」とされ、四足門と唐門が設けられていた。

着工してから四ヵ月後の十一月二十一日には、「寝殿・常御所・小御所・台屋《たいのや》三宇・御《み》厨《くり》司所・御雑掌所・諸大名出仕在所等、惣棟数十許《ばかり》か」という状況が見られたことからすると、残存していた建物を改修したものが多かったのではないだろうか。永享九年四月頃の室町殿の施設は、およそ次のようになっている（川上、前掲書）。

寝殿・車宿・随身所・諸大名出仕在所・御雑掌所・小御所・新造小御所・北向き会所（泉殿）・南向き会所・新会所・観音殿・持仏堂・厩《うまや》・月次《つきなみ》壇所・対屋《たいのや》三宇・台所・四足門・唐門・上土門・小門三・屛中門《へいちゅうもん》

寝殿は『門葉記《もんようき》』の指図によると、東西桁《けた》行《ゆ》き七間、南北梁《はり》行《ゆ》き六間で、三条坊門殿の寝殿よりも一回り大きなものになっていた。会所も次々に建て加えられて三棟になっている。池の周辺に最初に南向き会所が建てられ、次に「会所泉殿」とも呼ばれた北向き会所が置かれ、三番目の会所は南向き会所の北方に建てられたらしい。園池の近くに造立されていた観音殿は、南向き会所と四十間余り（約八十メートル《メートル》）離れていて、檜皮葺《ひわだぶき》の渡廊で連結されていた。

永享九年十月に同朋衆の能阿弥が記した『室町殿行幸御餝記《おかざりき》』（徳川黎明会蔵）によると、南向き会所は南側中央が九間《ここのま》（十八畳）で、その東側に六間（十二畳）、西側に通常の対面が行なわれた七間（十四畳）、将軍の居間・寝所とされた西北の室、その隣りには北之茶湯所などがあった。また、泉殿とも呼ばれた北向き会所には、義教の居間として使われていたと推測される、朱漆《しゅうるし》を塗った床の間を持つ囲炉裏《いろり》がある部屋が、存在していたという（宮上茂隆《みやかみ》「会所から茶湯座敷へ」）。

義教は永享三年八月二十二日に、

上御所（義満の室町殿）の御池、震殿《しんでん》前へ廻る間《あいだ》、御会所・常御所いささか浅間《あさま》（奥深さがない）様に思《おぼ》しめすなり。今度は震殿においては上の御池を埋められ、只今の下御所（三条坊門殿）の御庭の如く、御沙汰有るべき条、何様になすべきやと云々。

と改修工事のかなり具体的な点まで指示を与えている（『満済准后日記』）。

この記事から義満の室町殿は寝殿前まで園池が屈曲してまわり、園池の屈曲するあたりに会所や常御所が存在していたことがわかる。様式的には義満の室町殿は、『作庭記《さくていき》』に述べられているような、寝殿の南側には園池が存在するという形態に近いものだったことになる。

ところが義教は、寝殿の前には池を設けないようにという指示を出している。このことから逆に、三条坊門殿では寝殿の前面には園池はなくて、寝殿の東奥に園池が設けられていて、その周囲に会所・観音殿・泉殿などが建てられていたことがわかる。三条坊門殿にならって室町殿でも、園池を中心に会所以下の建物が置かれることになり、様式として確立していったと考えられる。指示に従って工事が行なわれた結果だろうか、永享四年七月二十五日の『室町殿御亭大饗指図《たいきようさしず》』では、寝殿の前に園池が描かれていない（図19）。

庭園の工事状況を見ると、義教は永享三年（一四三一）十一月四日に諸大名に命じて庭石を集めているが、赤松衆は二千八百人で太秦《うずまさ》から大石を曳いている（『看聞御記』）。十二月七日に満済准后は庭園工事を見学して、任庵主が指揮して大石を立てるのを見ているので（『満済准后日記』）、任庵主という石立僧《いしだてそう》らしい人物が活躍していることがわかる。しかし、永享八年二月二十一日には、義教は庭者の甬菊《とらぎく》に伏見殿の庭園を参考に見させているというように（『看聞御記』）、石組をするのは河原者に変わっている。

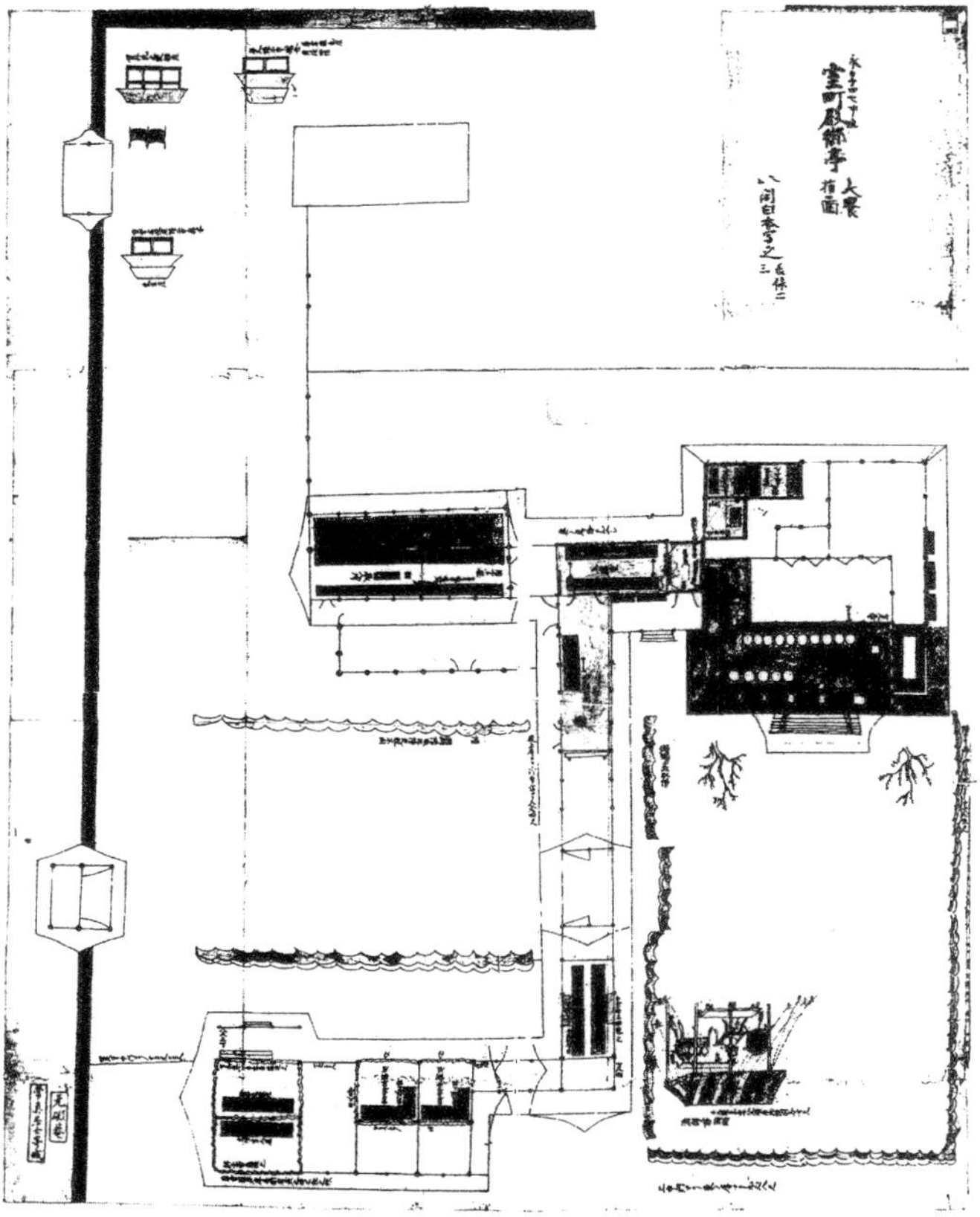

図19 「室町殿御亭大饗指図」(国立国会図書館蔵)

北野神社の『諸祠官記録』には、永享八年二月二十三日から二十九日にかけて、室町殿へウメ三本と石橋を一つ献上したことと、山石を運んだ苦労が記されている。嵯峨《さが》の材木問屋や京都の材木屋から荷車を借りて石を運んだのだが、両方とも車輪が壊れるほどの重量だった。嵯峨の車は牛六頭と四、五十人で引き、京都の車は二百人ほどで引いていることからすると、かなり大きな石を庭園に使っていたことになる。

園池については、『永享九年十月二十一日行幸記』によると、永享九年十月二十五日の行幸の夜には、和歌・漢詩・管弦の三隻の船を浮べ、会所に提灯を掛け並べ、池の中島では篝火《かがりび》を焚いていることが記されている。平安時代は寝殿から園池を眺めていたが、この時代は会所から園池の船を眺め楽しむというように、大きく変化していることがわかる。

植栽に関しては、永享五年十月二十日に義教は、伏見の黒田衆が献上したウメの枝を室町殿まで運ぶ途中で折ったことから、庭者三人を投獄し、黒田の若党二人に切腹を命じている（『看聞御記』）。義教が建物の配置についてだけではなく、庭園の樹木にまで興味を持ち指示を与えていたことがわかる。ウメの枝が折れただけで切腹というのは行き過ぎだが、これが多くの人びとに恐怖をあたえた義教の専制政治の実態だった。

義政の烏丸殿と作庭

義政が嘉吉《かきつ》三年（一四四三）七月から居住した烏丸殿《からすまるどの》は、高倉御所とも呼ばれていた（『斎藤基恒日記』）。烏丸殿の位置については、『康富記《やすとみき》』の文安元年（一四四四）一月十日条によると「北小路万里小路」の一角で、三条坊門殿などと同じ一町四方だった。文安二年五月二十八日に室町殿の寝殿以下を解体して、烏丸殿に移築することが決定されているが（『斎藤基恒日記』）、義政はまだ十一歳なので本人の意向ではなく、管領《かんれい》・諸大名・近臣による決定と考えられる。

文安五年七月二十六日に造立された持仏堂は、室町殿の庭の南東角にあって諸寺の長老たちが参集していた亭《ちん》だったが、三間四面の堂に変更されている。『康富記』によると、翌宝徳《ほうとく》元年（一四四九）三月十一日には室町殿から移築された寝殿が完成して、十四日から常御所の工事が始まっている。会所は十月二十六日に立柱上棟が行なわれ、翌月二十二日に竣工しているが、工事期間が短すぎるので移築かもしれない。宝徳三年十月二十九日に学問所が完成して、一応工事は完了している。

烏丸殿では主要建物として、寝殿・常御所・会所・学問所・泉殿・持仏堂・観音堂・仏護堂などが建てられている。会所は常御所の東方にあって、寝殿の東北方に位置していたとされている（川上、前掲書）。義教の室町殿と同様に、寝殿の東方に園池が存在し、園池の周辺に会所・泉殿などが配置されていたのだろう。

以上の経過からすると、文安二年六月から五年半ば頃までの三年間が準備期間で、実際の工事は文安五年半ば頃から宝徳三年十月まで三年を費やしたことになる。康正《こうしょう》元年（一四五五）十一月十八日に、管領細川勝元が命じた四、五千人ほどの人夫によって、会所が南東側に移築されているのは（『康富記』）、この年に義政が日野富子と結婚していることと関連しているのかもしれない。

東山山荘の造営へと続く義政の庭園癖は、先に述べたようにこの烏丸殿から始まっている。康正二年四月十一日に常御所の立柱上棟が行なわれ（『斎藤基恒《もとつね》日記』）、翌長禄《ちょうろく》元年（一四五七）には庭園工事が開始されている。三月十九日に義政は、河原者を使って東寺坊中の樹木を検分させ（『教王護国寺文書［五］』）、四月二十二日には細川・畠山に仁和寺から大石を、一石に四千人かけて曳かせている（『大乗院寺社雑事記』）。義政は日常使う常御所の周辺を美しくしようとして、作庭に興味を持つようになったのだろう。父親義教が室町殿の建築・庭園工事に対して積極的に指揮していたことが、家臣の話から義政に伝わって造営意欲がわいたのかもしれない。

長禄二年には、一月二十九日に樹木を献上するようにという奉書《ほうしょ》が大乗院に出され、内山永久寺にも伝えるように命じられている（『大乗院寺社雑事記』）。翌閏《うるう》一月三日には、作庭を専門とする河原者《かわらもの》の「ヒコ（彦）三郎」と「エモン」が、奈良の寺院の樹木の徴収に京都から派遣され、大乗院はシダレザクラ・ビャクシン・マキを、五日には霊山院以下がアカマツ・ビャクシン・ゴヨウマツ・カラマツ・マキ・カキ・サツキ・レンゲツツジ・ウメ・ナンテンなどを提供している。七月頃から持仏堂と泉殿に関連した園池の改修工事が行なわれて、十一月十日には新たに作られた小庭に水が引かれ（『蔭凉』）、十五日には会所から観音殿に至る廊下の立柱がされている（『在盛卿記』十一月八日条）。

『蔭凉』によれば、義政は長禄二年七月二日に園池の傍らの泉殿に「掬月《きくげつ》」、持仏堂に「安仁斎」という額字を書くことを命じ、八月一日には橋や書院の額字を見るというように、建物に命名する義政の趣味もこの時期から始まっている。足利義持が三条坊門殿で「十境」を命名したことの影響を受けているのだろうが、義政自身は建物の形を問題にするだけでなく、名称を厳選することで自分が納得できる空間を創造しようとしたのではないだろうか。

橋については『蔭凉』長禄二年七月三十日条に、「御庭の亭子《ていし》（あずまや）の湖橋」とあるので、亭橋だったことがわかる。七月四日に厳中和尚が烏丸殿の十境を選定しているのは、建築と庭園の工事が完成に近づいていたということだろう。だが、突然義政は十二月五日に室町殿の再建に着手したのだから（『在盛卿記』）、周囲はとまどったに違いない。

義政の室町殿と作庭

烏丸殿から移った室町殿でも、義政の普請《ふしん》趣味は存分に発揮されることになる。東山山荘を理解する上でも、烏丸殿とこの室町殿の造営は無視することができない。自分に最もふさわしい邸宅は歴代将軍の本邸だった室町殿以外にないという結論に、義政は達したのだろうか。満足できるまで建築・庭園工事をしたいという願望を、自分でも止めることができなかったのだろう。義政は庭園の樹木や建物に掛ける額の文字についてまで、事こまかに指示を与えている。

義政が再興した室町殿は、西側を正面としていたことから、室町通側に南四足門と北棟門（唐門）が設けられ、その内側に西中門・西中門廊・公卿座・寝殿・殿上・随身所・車宿、他に奥向きの施設として対面所・常御所・会所・観音殿・泉殿・泉之西殿・持仏堂・仏護堂・小御所などが存在していた（川上、前掲書）。

烏丸殿から移築した建物が多いことから、名称も同様になっているが、泉がつくられて泉之西殿が建てられているという違いはある。寛正五年（一四六四）十一月七日に季瓊《きけい》が、泉殿・観音殿・会所・園池の順で見物していることからすると（『蔭凉《いんりょう》』）、これらの建物は園池の周辺に位置していたと考えられる。

長禄二年（一四五八）十一月二十七日に、室町殿の造営工事が開始されている（『在盛卿記』）。建物の多くは烏丸殿のものが再利用されたらしく、『蔭凉』によると、翌三年二月二十二日に寝殿などが立柱上棟され、四月十八日には相国寺の観音殿が移築されている。寛正元年二月二十七日には、園池の石を守護の山名が担当分を引いているが、四月八日に会所が完成していることからすると、会所周辺の園池に石を運び入れたのだろう。

会所の完成後すぐに泉殿の工事が着工され、五月十五日には義政は園池の橋の額字を検討している。烏丸殿の亭橋と同じ「湖橋」という名が付けられていることからすると、烏丸殿からの移築だろう。六月二十二日に義政が病気の善阿弥に薬を贈っているのは、それまで園池の石組を善阿弥が行なっていたということだろうか。

寛正元年十二月五日に泉殿が完成して義政は移っている。翌二年一月十八日に泉殿の園池工事が開始されているが、「御泉は小樹・小石をなす。日ならず成就《じょうじゅ》すべし」と義政が言っていることからすると、会所の園池とは別の小規模なものだったらしい。五年三月十六日には泉の近くに泉之西殿が完成している。前年の四月三日に、相国寺が将軍第造営費として一千貫を献上しているのは、この泉之西殿工事と関連しているのかもしれない。

だが、これで工事が終わったわけではなく、寛正六年六月六日には興福寺松林院に竹亭修築のための竹材の提供を強要し（『親元日記《ちかもと》』）、七月十五日には竹亭のための大竹一本を近国・近村に求めている（『蔭涼』）。しかし、『蔭涼』によれば、十月には義政は別荘の場所として、南禅寺恵雲院の土地を考えるようになる。

室町殿の園池の様子については、『碧山日録《へきざんにちろく》』の応仁《おうにん》二年（一四六八）十一月六日条に、

源丞相（義政）の第に入り、その園池を観る。池に湖橋あり、橋の東に長松あり。これすなわち予の庭下の産なり。

と記されている、献上したマツが橋の傍らに植えられているのを見て、大極は満足している。園池の光景についてはさらに、

南面より見る所、築山と水の境に、華亭を青松の塢《う》（岬）に置き、画舫《がぼう》（船）を白沙の洲に繋ぐ。奇花・珍石、鳧鴈《ふがん》・鴛鴦《えんおう》、目を遊ぶの資、もって数うべからず。

と述べられている。築山と園池の境のマツが植わった場所には亭が設けられていて、園池の水際の白砂を敷いた州浜には船がつながれ、園池の周囲には珍しい花木が植えられ、名石が置かれた園池には多くのカモやオシドリが戯れていたらしい。

植栽工事については、『蔭涼』によると寛正元年（一四六〇）四月三日に、北側の花壇に

「当帰草《ときそう》」、五月九日に持仏堂前の壺の中に白ハスを植えている。季節的に落ち着いた閏九月十六日・十七日には、永安院・禅仏院などからマツ二本、ウメ五本、ソテツ一本が献上されているが、時期的に見て泉殿の植栽だろう。寛正二年に再び植栽が行なわれ、七月から十月にかけて建仁寺《けんにんじ》・相国寺《しょうこくじ》・東福寺の塔頭からマツ・ツバキ・ビャクシンなどの樹木が献上されているが、十月七日には南明軒が献上した白フジを西殿の下に、十一月三日には蔭涼軒が献上した千葉八重《せんようやえ》・一重《ひとえ》を接いだ「山茶《さざんか》」を泉の傍らに植えている。

それだけでは樹木が足りなかったのか、『経覚私要鈔《きょうがくしようしょう》』（『大日本八―三十四』）の十二月六日条によると、善阿弥が奈良に出向いて樹木を物色し、大乗院でザクロ一本、松林院・成就院《じょうじゅいん》・檜皮屋・東北院以下で樹木十七本、窪院で義政が探していた「梔《くちなし》」の株物を得ている。義政はこの時期にはクチナシを欲しがっていたわけで、庭木も義政の好むものが集められていたことになる。十二月六日には永久寺がビャクシン三本とクチナシ二本、ゴヨウマツ・ザクロ・「平木《ひいらぎ》」各一本を、正暦寺がビャクシン四本を進上することを確約している（『大乗院寺社雑事記』）。針葉樹ではビャクシンが特に好まれていたことがわかる。

寛正三年には義政が諸寺に樹木の献上を命じたことから、十一月十六日に東寺《とうじ》宝厳院がマツを二本進上している。作業を行なった河原者は「事の外《ほか》大儀、身労仕《つかまつ》り候」ということで割り増しを要求し、東寺側は総額で十一貫文（一貫は千文）を支払っている（『東寺百合文書［ち］』）。文明十七年（一四八五）十一月四日に、東寺は人夫六十人に一貫二百文を払っているので（『教王護国寺文書［六］』）、一人当たり二十文となる。このことから換算すると、五百五十人ほどが働いていたことになるので、マツは大木だったと考えられる。

植栽状況については、『蔭凉』寛正三年二月九日条によると、義政が「御所の間の北面梅花盛んに開き」と述べているので、義政の居住していた建物の北庭にはウメが数多く植わっていたことになる。文正元年（一四六六）三月七日条には、「殿中南庭の躑躅《つつじ》の花盛んに開き、池面相輝く。その紅色観るべきなり」と述べられているから、池に接した南庭にはツツジが紅色の美しい花を咲かせていたらしい。園池の北側に接していたこの建物は会所だろうか。

また、同年五月十六日条には、

看経《かんきん》御座の間、白藤・紅躑躅花の御庭南面の障子を開けらる。衆皆快となすなり。白藤の翠葉（緑の葉）、黒木亭子を覆い蓋《ふた》をなす。人屋を葺く如し、もっとも奇となす。その左右に小床を安んじるに黒木をもって造る。

と記されている。看経の御座の間の南庭には自然的に見せるために、屋根を葺かずに垂木《たるき》だけにした亭があり、白色のフジが生い茂っていたという。フジは平安時代には、庭園のマツなどの高木に絡みつかせて花を鑑賞するのが普通だったが、亭の骨格を利用するという発想がここでは生まれている。この亭のようなものやブドウ棚から着想を得て、棚を設けてフジを栽培することが室町時代から一般化したと考えられる（飛田『日本庭園の植栽史』）。

将軍邸の建築と庭園

室町時代の将軍邸の敷地規模は、義満・義教・義政の室町殿は南北一町半・東西一町ほど、義持・義教の三条坊門殿と義政の烏丸殿は一町四方だった。一町は約百二十メートルだから、一町四方は約一万四千四百平方メートルとなるので、邸宅としてはかなり広い。平安時代の貴族でも一町四方の邸宅を持つことが出来るのは、上級貴族に限られていた。室町殿を再興して使用することが多かったのは、南北が一町半ほどあって広かったことが、魅力だったのではないだろうか。

義満の室町殿については史料が少なく不明な点が多いが、各邸宅には公的な行事や仏事に使う晴向き施設として、寝殿を中心に公卿座・殿上・随身所・車宿・中門廊・中門などがあり、私的な奥向き施設としては日常の住まいとなる小御所・常御所などの建築群と、宴遊のための施設としての泉殿・会所などが園池の周辺に配置されるというのが、一般的な傾向だったことになる。

庭園の配置からすると、平安時代後期には『作庭記』に見られるように、主人が居住し客人に対応する寝殿の前面に園池が掘られ、園池に臨む釣殿《つりどの》は寝殿横の対屋と渡り廊下で結ばれていた。しかし、室町時代になると、義満の室町殿では寝殿前に園池が存在していたが、東へと屈曲するあたりに会所や常御所（小御所）が建てられるようになる。

ところが、義教は室町殿を再建した際に、義持の三条坊門殿と同様にして、寝殿の前には池を設けないようにと指示を出している。義政の烏丸殿・室町殿では、寝殿の前面には園池はなくなり、会所・泉殿などの奥向き施設の中心に園池が置かれるように定着していく。こうした配置はその後も続き、十六世紀の『洛中洛外図屏風《びょうぶ》』（歴博甲本・上杉本）の将軍邸や細川殿に見られる形態になっていく。

義満の室町殿の園池が『さかゆく花』にあるように、文飾かもしれないが一町四方ほどの面積だったとすると、義教・義政の室町殿もそれに近いものだったのだろう。これだけの大規模な園池を設けられたのは、やはり南北一町半・東西一町ほどという敷地の広さによるのだろう。広々とした園池が、義教・義政を惹きつけた室町殿の魅力だったといえるのではないだろうか。広大な園池に対して奥向きの施設が見劣りしないように、庭園に付属する会所・泉殿・持仏堂などの建築を増加させていったように思う。

義満の室町殿は釣殿や遣水《やりみず》が存在するなど、平安・鎌倉の寝殿造庭園に類似しているが、義持・義教・義政の邸宅には釣殿や遣水は見られない。寝殿の前面に園池を設けなくなったことから釣殿がなくなり、遣水を流せなくなったのだろう。釣殿の代わりとして、奥向きの園池に泉殿を建てるようになっている。園池には給水のための流れが存在するので、これを遣水のようにすることは可能なはずなのだが、建物が園池に近接していたために、寝殿前の南庭のような空間がなくなり、流れは目立たなくなってしまったのではないだろうか。

室町殿は広大な敷地だったが、起伏のない平坦な場所に位置していたために、京都周辺の山並みを遠くにしか見ることができないという欠点があった。義詮が移り住んだ足利直義の三条坊門殿では築山には、東山を眺めるために撃蒙軒《ぎゃくもうけん》が建てられていた。また、義満も北山殿で眺望を楽しむために、山上に看雪亭を建てている。義政が東山に山荘の場所を求めたのは、高所からの眺めを楽しみたいと思ったからではないだろうか。

東山山荘の造営

造営から竣工まで

東山山荘の造営開始

足利義政は応仁《おうにん》の乱の最中、文明《ぶんめい》五年（一四七三）に息子義尚《よしひさ》に将軍職を譲っていたが、世の中が落ち着いてきた文明十四年に、隠居所として東《ひがし》山《やま》山荘の造営を開始する。この時、義政はすでに四十七歳になっていた。東山山荘にはどのような建物が建てられ、どのように庭園がつくられていったかをたどり、義政の東山山荘の造営意図を明らかにしてみたい。

文明十四年二月四日に義政は、東山の浄土寺の地に山荘を営むことを決定し、造営工事を開始している（『後法興院記《ごほうこういんき》』八日条）。文明十二年十月に嵯峨《さが》や岩倉で山荘の候補地を物色していることからすると、準備期間は一年ほどしかなかったことになる。義政が烏《からす》丸殿《まるどの》を改修した際には、室町殿の建物を移築することを決定してから、三年後に着工している。どれほど強引に義政が山荘を造営しようとしたかが、準備期間の短さからも想像がつく。

江戸時代の『慈照寺《じしょうじ》諸記』（『大日本八―三十四』）には慈照寺の境内《けいだい》地について、「山林三町四方程、門前境内東西六拾間、南北四拾間、民家四拾軒、寺二箇寺」と記載されている。換算すると、山林は十三万平方メートル、境内は東西百八メートル、南北七十二メートル、面積は約七千八百平方メートルということになる。平地部分は歴代将軍の一町四方（約一万四千四百平方メートル）の邸宅の半分ほどの面積だが、山腹部分が含まれるので同等以上に感じられただろう。

着工から半年後の文明十四年七月二十四日に、門が立柱上棟されている（『長興宿禰記《ながおきすくねのき》』）。まず門が建てられたのは、防御のためと邸宅としての体裁を持たせるためと考えられる。門の位置はおそらく現在の慈照寺の総門のあたりではないだろうか。長享《ちょうきょう》二年（一四八八）二月二十三日に越前守護朝倉貞景の同族の景久が、仙洞御所の庭園のマツを三千人ほどで東山山荘に引いてくるのを、伊勢貞宗《さだむね》や季瓊《きけい》らは「東府御門」で見物しているが（『蔭凉《いんりょう》』）、立柱されたのはこの門だろう。

四年後の十八年四月十六日に神楽岡の芝を「新造り道」に貼っていることからすると

(『実隆公記《さねたか》』)、東山山荘に資材を運び込むのに、当初は浄土寺に通じていた古くからの道を利用していたと考えられる。斜面が崩れないように芝を貼ったのだろうから、新道は坂道だったことになる。おそらく土産物の店が建ち並ぶ現在の慈照寺の参道が、「新道」と呼ばれたものなのだろう。門を新たに建て直したという記録はないことからすると、旧道を直線的に改修したのではないだろうか。

常御所の造立

文明十四年(一四八二)八月十九日には御末《おすえ》・台所などが上棟され、御殿が一棟造立《ぞうりゅう》されている(『長興宿禰記』)。「御末」というのは公的な対面の場所ではなく、申し次ぎをする側近者の詰め所としての機能を持った所だった(野田泰三「東山殿足利義政の政治的位置付けをめぐって」)。『長興宿禰記』の文明十八年八月四日条に「常御所」と書かれていることからすると、この時まだ会所は存在しなかったので、最初に建てられた御殿は常御所だったと考えられる。

文明十五年六月二十日に義政は長谷殿の御番衆を東山山荘の警護に回し、二十七日には長谷殿から東山山荘に移っている(『親元《ちかもと》日記』)。前将軍の山荘であっても、警護を厳重にしないと危険というのが当時の状況だった。『補菴京華《ほあんけいか》別集』(『大日本八—十五』)に述べられているように、七月になっても狩野元信《かのうもとのぶ》に御殿の障子《しょうじ》に瀟湘八景《しょうしょうはっけい》を描かせているの

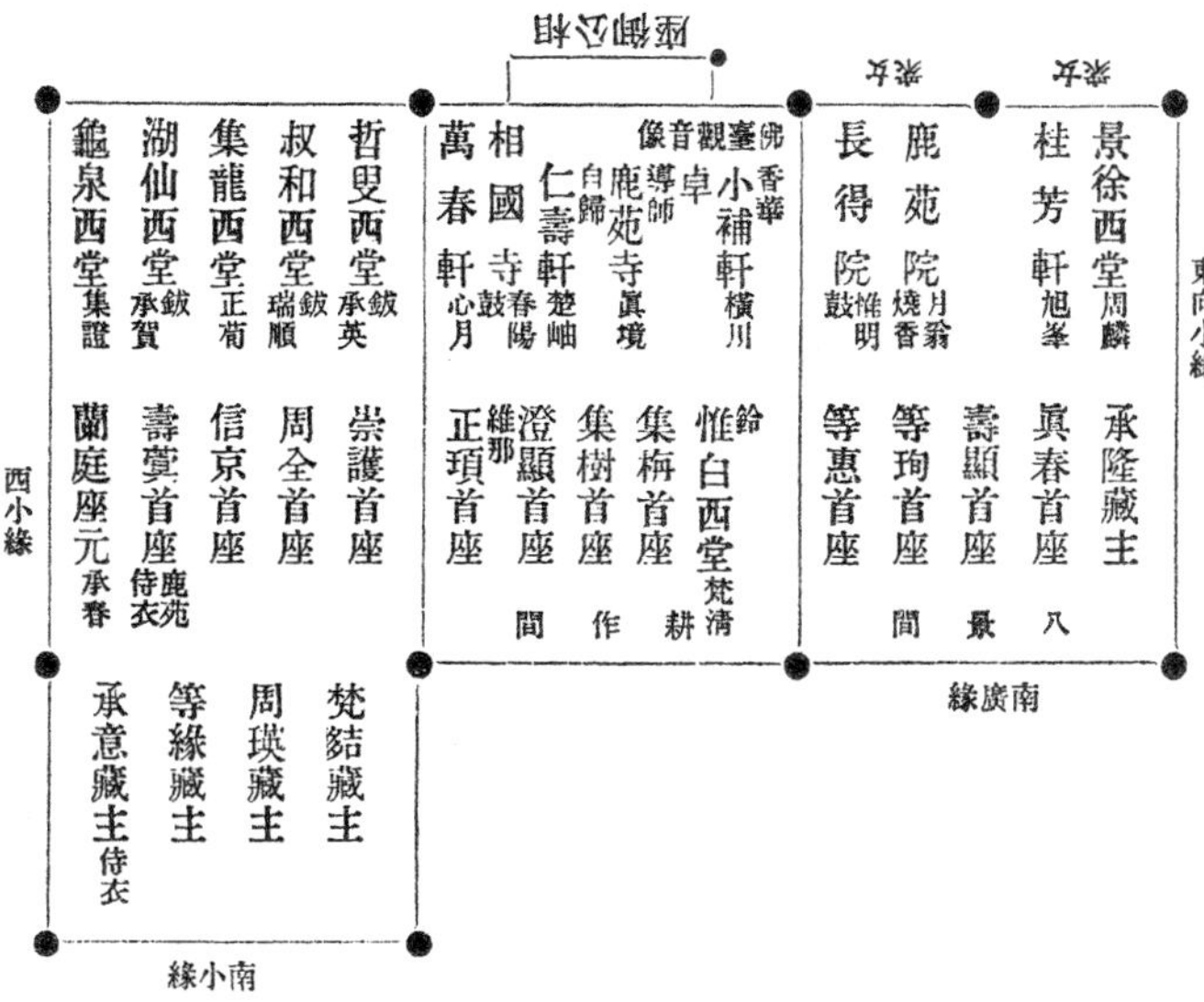

図20　東山山荘常御所の図（『蔭涼軒日録』延徳元年［1489］条）

は、建物内部まで装飾を施す十分な余裕がなかったのだろう。当初御殿と呼ばれていた常御所には、『御飾《おかざり》記《き》』によると、東向き昼の御座所・耕作の間・八景の間・西の六間《むま》（一間《ま》は二畳）などが存在したという。

長享《ちょうきょう》元年（一四八七）八月二十七日に東山山荘において、大般若《だいはんにゃ》経の転読が行なわれているが、『蔭涼』にはその出席者の配置図が掲載されている。延徳《えんとく》元年（一四八九）十一月十九日にも同様に仏事が行なわれていて、やはり配置図が残されている（図20）。どちらの図も同じ建物だが、延徳元年の図には「八景間・耕作間」と記されているので、描かれている建物は常御所ということになる。

当初は防御のための門と義政が居住し客と対応する常御所、申し次ぎをする側近者の詰め所としての御末、義政と来客のための食事の用意をする台所が、山荘の必要最低限度の建物として建てられていたことがわかる。

義政が造営した烏丸殿の建設過程を見ると、持仏堂《じぶつどう》・四足門《よつあしもん》・寝殿・会所《かいしょ》（当初は常御所として利用）・学問所・常御所・馬場殿の順になっている。室町殿では寝殿・観音殿・会所・泉殿・泉之西殿の順に、義政は建造している。洛中の邸宅では、寝殿と会所を早い時期に建てるのが一般的だった。東山山荘では客を接待するための寝殿や会所を、義政が最初に建てようとしなかったのは、隠棲《いんせい》することを強く考えていたことを示している。

義政が文明十六年（一四八四）十月十六日に、超然亭《ちょうねんてい》に登って宴《うたげ》を催しているところからすると（『蔭凉』）、超然亭はすでに完成していたのだろう。

超然亭・西指庵の造立

超然亭は酒宴を催せるほどだから、それほど狭い建物ではなかったと考えられる。翌年七月八日に超然亭まで登った亀泉集証《きせんしゅうしょう》は、「山路嶮難《けんなん》の故、履《はきもの》を脱ぎ鞋《わらじ》を著《は》き、先に西指庵《さいしあん》に入りて一覧し、直ちに超然亭に登る」と記しているので、超然亭は西指庵よりも上方に位置していたことがわかる。

図21　超然亭推定位置からの眺望

草履《ぞうり》を脱いで草鞋《わらじ》に履き替えないと登れないほどだったというのだから、超然亭まではかなり急勾《こう》配《ばい》な山道だったのだろう。超然亭は西芳寺の縮遠亭《しゅくえんてい》に対しての建物なので、大文字山へと続く慈照寺背後の山頂に位置していたと推測される（図21）。慈照寺の関係者の話では、超然亭の場所は現在では慈照寺境内の外になってしまっているという。

『蔭涼』によれば、文明十七年四月十日には西指庵が竣工しているが、位置については『慈照寺境内坪数並諸建物絵図』（寛政《かんせい》二年

［一七九〇］頃）から、現在の方丈の北方奥に存在していたことが判明している（西田直二郎「銀閣寺西指庵遺趾」）。十八年二月十六日条に、「相公（義政）曰《いわ》く、西指庵前に門を立つるは、指東庵前に向上関あるが如し」とあるように、西芳寺《さいほうじ》の向上関《こうじょうかん》を模倣して西指庵の前に門を建てることを、義政は計画している。

延徳二年（一四九〇）二月十九日条に、「相公常に曰く、我が身の後には影を西指庵書院に掛け、骨をその下に安んずべしと」とあるように、義政は自分が死んだ後は遺影を西指庵の書院に飾り、その下に遺骨を納めるようにと命じている。西指庵は義政の廟《びょう》として建てられたものだったことになる。

文明十七年二月十一日に近衛政家に命じて、高さ一丈（約三メートル）のマキを二十本、十六日に追加としてマキ七本を進上させているのは（『後法興院記』）、西指庵の周辺に植えるためだったのだろう。『蔭凉』延徳元年六月十六日条に「西指庵の庭間の梅子熟す」とあるので、西指庵の庭には、ウメも植栽していたことがわかる。

東求堂の造立

持仏堂としての東求堂《とうぐどう》には、『蔭凉』によると文明十七年（一四八五）十二月八日に、本尊《ほんぞん》として阿弥陀《あみだ》三尊像を安置することが決定されている（図22）。持仏堂は義持の三条坊門と義教の室町殿に存在し、義政自身も烏丸殿と室町殿で

図22　慈照寺東求堂

建造しているので、足利家の伝統だったことになる。しかし、同月六日条には「その額は西芳寺西来堂《さいらいどう》の如し」と述べられているから、持仏堂は西芳寺の西来堂（仏殿）を強く意識していたらしい。

翌十八年正月十七日に持仏堂の名称を、六祖と尹使君《いんしくん》の問答中の「東方の人念仏して西方に生まるを求む」という言葉から、「東求堂」と決定している。三月二十八日に書院の違い棚に書籍を置いているので、この頃までには東求堂が竣工したと考えられる。

東求堂の規模については、文明十八年一月二十日条に、「御持仏堂南面す。南北三間半、東西三間半。御書院北にありて、御床《ゆか》の間《ま》西にあるなり」と記されている。東求堂は南向きで、北東側に同仁斎《どうじんさい》と呼ぶ四畳半の書院があり、西南側には「床の間」と呼ぶ板敷きの仏間があった。現状とほぼ同じだったことがわかる。七月二日条に「北の間に開山国師の墨跡二幅《ふく》を掛く」とあるので、同仁斎には夢窓疎石《むそうそせき》の書が二幅掛けられていたことになる。

『都名所図会《みやこめいしょずえ》［三］』（安永九年［一七八〇］）に、「茶湯の間は四畳半にして、東山殿の物数寄《ものずき》なり。茶亭四畳半の濫觴《らんしょう》とぞ」とあるように、江戸時代から同仁斎は四畳半の茶室の最初と言われている。東求堂の修理工事の際に見つかった部材の墨書から、同仁斎を「文の間」「いるりの間」と呼んでいたことがわかる（『国宝慈照寺東求堂修理工事報告書』）。「いるり」が囲炉裏のことだとすると、炉が切られて茶の湯も行なわれていたという推測も成り立つわけだが、茶の湯の作法がまだ確立していなかった時代なので、茶室といえるかどうかは問題がある。

東求堂の当初の位置

東求堂と園池《えんち》との関係については、『蔭凉』によれば文明十七年（一四八五）十二月八日に、義政は「本尊弥陀三尊の堂前に蓮池あるべし」と指示している。東求堂の仏間の前面には園池を設ける予定だったことがわかる。園池については、義政の没後の延徳二年（一四九〇）二月二十四日に義視《よしみ》が東山山荘を巡視して、「東求堂東の御庭を問わる。いつごろ造るか」と尋ねたのに対して、亀泉《きせん》は四、五年前に造営したという返答をしている。園池を掘削《くつさく》したのは文明十八年か、あるいはその前年の十七年ということになる。義政が文明十八年六月二十四日に、東寺に池のハスを進上するように命じていることからすると（『東寺百合文書［ワ］』〔『大日本八―十四』〕）、園池を掘ったのは文明十八年の可能性が強い。

東求堂の位置については、義視の「東求堂東の御庭」という言葉が重要な意味を持っている。現在の東求堂の東側は山へと続いていて、庭園と呼べる場所は存在していない。「御庭」というのは現存する園池のことと考えられるので、東求堂は現在の場所ではなく園池の西側に建っていたことになる。

昭和三十九年（一九六四）・四十年に行なわれた修理工事の際に、礎石が粗雑なことや柱の下に土台を廻していたこと、柱中心と礎石中心がずれていることなどから、東求堂は他から曳行《えいこう》して現在地に移した可能性があるとされている。江戸時代に出版された『山城名跡巡行志［二］』（宝暦《ほうれき》四年〔一七五四〕）にも、「此堂元《もと》方丈の南、閣（銀閣）の東に在り。後に此所に移す」と、東求堂の元の位置が述べられているので、移築していることは間違いないだろう。

亀泉集証は長享元年（一四八七）八月二日に東山山荘を見て、「東山に於いて西方《さいほう》の境界を移つさる」と感想を述べている（『蔭凉』）。「西方」というのは夢窓疎石が再興した西芳寺のことを指している。会所が未完成だったことから、西指庵・超然亭と東求堂が主体になっていた初期の東山山荘は、西芳寺に酷似して見えたのだろう。会所の建造が後になっていることからすると、洛中に見られるような大邸宅を造営するよりも、西芳寺のような堂と亭を持った山荘を建てたいという気持ちが、義政には強かったように思える。

会所の造立

園池の周辺に建てられた会所は、文明十八年（一四八六）十二月三日になって工事が始まり（『蔭凉』）、丸一年かかって翌長享元年十一月四日に完成している（『お湯殿の上の日記』）。同年三月十七日に奈良の長谷山《はせ》からヒノキ六本を召し上げているのは（『大乗院寺社雑事記』）、会所の周囲に植えるためだったのだろう。

会所の規模については、『蔭凉』延徳元年（一四八九）十月十三日条から推定できる。

東府に謁《えつ》す。先に御会所に往《ゆ》く。［略］御座敷昨晩より取り払うを見るに、九間《ここのま》並びに西の六間、六間の北五間《いつま》、立具置くを見る。九間の東三間《みま》を取り払うを見る。

と、仏事のために会所の襖《ふすま》を取り払ったことが述べられている。中央に十八畳の座敷、その西横が十二畳、さらに北側には十畳の座敷があり、中央の座敷の東側には六畳の座敷があるという、かなり広い建物だった。

また、文明十九年二月二十七日条に、

相公曰く、御新造は後来（いずれ）寺に成さるべし。然らば客殿は九間なり。その畳は旧例を以って敷かれるべし。

と記されている。自分の死後は会所が寺の客殿になることを義政は望み、中央の十八畳の座敷が客殿となるように、旧例にならって畳を敷くように命じている。東山山荘は晩年最後の住居であるとともに、死後は寺にすることを義政は当初から決意していたことがうかがわれる。

釣秋亭・竜背橋の造立

『蔭涼』によれば、延徳元年（一四八九）六月十六日に禅僧の横川《おうせん》と東山山荘の庭園を一巡したことを、亀泉は次のように書いている。

庭間の亭を一見す。立阿を具す。釣秋の額もっとも恰好なり。竜背橋《りゅうはいきょう》を透《とお》りしばらく欄に倚《よ》り、休息して御泉殿に往く。また弄清亭《ろうせいてい》に憩う。次に漱蘇亭《そうそてい》に休息し、水を汲み手を洗う。小補（横川）手を洗い飲む。次に西指庵の庭間［略］

園池周辺には東求堂・会所だけでなく、庭間の亭（釣秋亭《ちょうしゅうてい》）や竜背橋・泉殿・弄清亭・漱蘇亭などが建てられていたことになる。

釣秋亭については、六月十日条に、「この御所に亭あり。湘南亭を学ばる。亭南に在り」とある。西芳寺の湘南亭を模したもので、南側に位置していたことがわかる。李秋《りしゅう》谷《こく》の「君秋江の月を釣る」という詩文から、「釣秋」という名に決定していることからすると、園池の湾曲する部分に位置していたのだろう。

竜背橋は長享二年（一四八八）九月二十四日に額の検討を始め、十月十八日になって竜背橋と決定されているから、建造はこの前後だろう。「欄に倚り、休息して」という記載から、竜背橋は休憩できる座席を持つ亭が付いていた亭橋と考えられる。九月二十四日条に「西芳寺の橋亭（亭橋）の額は邀月《ようげつ》なり。これを模すべし」と義政が命じているように、形状だけでなく額まで西芳寺の邀月橋を模したものだった。続く文章に「西芳寺の亭は座《ざ》鋪《しき》より東に当たる。この御所の亭は、座鋪より南に当たるなり」と書かれているので、竜背橋は常御所あるいは会所から見て南方に位置していたことになる。

竜背橋と同時期に、船小屋の名称も検討されている。長享二年六月三十日条に、「西芳寺の舟舎の額、本《もと》三字なり。これを模して三字の額を書き以って進上すべし」と義政が言ったとある。西芳寺の額を模すということは、船小屋を建てるのも西芳寺の影響だったことになる。十月十八日に竜背橋と一緒に、船小屋は「夜泊船」と命名されている。

泉殿・弄清亭・漱蘇亭の造立

泉殿と弄清亭については、長享元年（一四八七）十二月十三日に泉殿の北側に掲げる額の参考として、室町殿の泉殿の額を取り寄せたところ「弄清亭」と書かれていたことから、後日同名とすることが決定されている（『蔭凉』）。この記載から泉殿と弄清亭は一体となった建物だったことがわかる。同日条には、「埜狐《のぎつね》掬清亭《きくせいてい》の畔《ほとり》で数声あり」と述べられているので、弄清亭は当初の名称は掬清亭であってすでに完成していたことになる。また、野狐が近くで鳴いていることから、弄清亭は山際に位置していたと推測される。慈照寺蔵の「東山義政公御香座敷泉殿之図」は信頼できるものかどうか問題があるが、園池に臨む南向きの建物が描かれている（久恒秀治『京都名園記［上］』）。

文明十八年（一四八六）七月二日には鹿苑寺《ろくおんじ》領の庭石十個（『蔭凉』）、長享元年六月二十八日には小川御所の石一つと室町殿跡の大石一つと仙洞御所跡の石四つが（『大乗院寺社雑事記』）、東山山荘に運び込まれている。時期的に見て搬入した石は、弄清亭付近の園池の護岸用だったのではないだろうか。

長享元年十二月十九日に竹亭の名について、「宜暑《ぎしょ》・樵渓《しょうけい》・寒玉・漱蘇」の四案が出され、漱蘇に決定している（『蔭凉』）。「竹亭」と書かれているので、漱蘇亭はタケで作られた建物だったことがわかる。延徳元年（一四八九）六月十六日に漱蘇亭で休息して、水を汲んで手を洗ったり飲んだりしているところからすると、近くに湧き水が存在したのだろう。現在「お茶の井」と呼ばれている場所が候補地になるわけだが、昭和六年（一九三一）の発掘調査で、建物の礎石が発見されたことから、お茶の井からの流れが西へ曲がる部分に、二間四方ほどの規模の漱蘇亭が建っていたと推定されている（中野楚渓「発掘された東山殿の石庭について」）。

植栽について見ると、泉殿が完成した後の長享二年二月二十一・二十三日に、朝倉衆が大勢で旧仙洞のマツを曳《ひ》き移している（『蔭凉』）。二十日に義政が樹木を曳くための修羅《しゅら》を作ることを、山科七郷《やましなしちごう》に命じているのは（『山科家礼記《らいき》』）、このためだったと考えられる。奈良の大乗院からは十月十五日にマツ二本とツバキ・ビャクシン各一本が献上されているが（『大乗院寺社雑事記』）、これらも園池周辺に植栽されたのだろう。半ば強制的に集めた樹木を植栽することで、庭園は次第に整備されていく。

観音殿（銀閣）の造立

現在も残る観音殿（銀閣）が最も遅く建造されたのは、常御所から開始して、北側・東側・西側・南側という順序で、効率よく工事を進めてきたことによっている。義政は観音殿の各階の命名と、その額の作成に執念を燃やしている。

『蔭凉』長享二年（一四八八）二月三日条には義政の言葉として、

花の御所観音殿は、外額は勝音閣、内額は潮音洞。鹿苑寺金堂（金閣）は、また内外の額二つあり。この御所の観音殿は内か外か、額一つを掲げるべし。

と記されている。額については自分が建てた室町殿観音殿や義満の鹿苑寺金堂を、義政は念頭に置きながら考えているわけだが、これが観音殿建造の始まりだった。

観音殿は義満の室町殿、義持の三条坊門殿や義教の室町殿にあり、義政も烏丸殿・室町殿で建てているというように、持仏堂と同様に将軍邸には欠かせない建築物だった。しかし、十月四日条に「西芳寺瑠璃殿の様に下の重（一階）に坐禅の床あるべし」とあるように、観音殿の内部は西芳寺を模倣しようとしている。二階の名称は室町殿にならって潮音閣、一階は横川景三の案の心空殿と決定されたが、結果的には二階は禅宗様式になり、一階は書院造りとなった。

延徳元年（一四八九）二月二十三日に観音殿の上棟が行なわれているが、七月二十八日になっても心空殿の額について、「木地か、牛粉（胡粉《ごふん》の誤りか）地か、塗るか。字はまた青か、白か」と義政は問いただし、三通りの文字を自ら参考として書いている。額に対する義政の執着はすごく、建物が完成する前に名称を決定して額を制作するのが、東山山荘では原則になっていた。

三月三日には、『実隆公記』に「花亭旧跡の松木二本、細川仰せを奉りて牽《ひ》き東山殿へ進上す」と記されているように、室町殿跡のマツの大木を四、五千人で曳き移している。九日には大乗院がウメの大木を献上しているが（『大乗院寺社雑事記』）、これらも観音殿の近辺に植えられたのだろう。

三月二十三日に息子の将軍義熙《よしひろ》が近江《おうみ》の陣中で没し、跡継ぎを決めかねたことから、義政は将軍として再び政治を執らざるを得なくなった。東山山荘を室町殿に代わる将軍邸にしようとして、七月八日には主殿として寝殿を建造することが開始される（『蔭凉』）。七月二十三日には主殿の礎石の据付も完了していたが、病状が悪化したのは建造のためだという理由で取り壊されてしまう。

それでも義政はめげずに、東山山荘の造営工事を続行し続ける。九月十六日にも大乗院からマツが一本献上されているのだが（『大乗院寺社雑事記』）、さらに十月二十日に義政は河原者《かわらもの》を遣わして北野神社の庭のマツを見させている（『北野社家引付』）。背後の山のアカマツと連続させるように、園池周辺にマツの大木をいく本も植えようとしたのだろう。

観音殿（銀閣）の完成間近になったとき、延徳二年一月七日に義政は中風で死去し、東山山荘の造営は終る。前年の八月二十五日に義政が、「観音殿造り畢《おわ》るは以後十二月か、正月か」と尋ねていることからすると（『蔭凉』）、ほぼ完成に近かったと考えられる（野地修左『日本中世住宅史研究』）。

東山山荘と西芳寺との類似性

長享元年（一四八七）八月二日に東山山荘を見て、亀泉集証は「東山に於いて西方の境界を移つさる」と言ったが、横川景三も「慈照院殿逆修《ぎゃくしゅ》散説」に、

准三后、東山を相攸《そうゆう》し、大きく新府を開く。青山を斫《き》り、白水を導く。五歩に一楼、十歩に一閣。絶頂に亭を構え、山畔に庵を築く。皆西芳の旧製を象《かたど》る。

と同じ意味のことを述べている（外山、前掲書）。「五歩に一楼、十歩に一閣」というのだから、造営工事が進んで、会所・泉殿などが建てられた後に見たのだろう。それでも「皆西芳の旧製を象る」と表現している。

東山山荘が西芳寺を模倣していたことは、建物の名称の類似性からも断定できる。西芳寺と東山山荘の建築物の名称を比較すると次のようになる。

西芳寺	東山山荘
縮遠亭（山頂の亭）	超然亭
指東庵	西指庵
向上関（指東庵の前）	太玄関
西来堂（仏殿）	東求堂
閣（舎利殿）	観音殿（銀閣）
無縫塔（二階）	潮音閣
瑠璃殿（一階）	心空閣
合同船（船舎）	夜泊船
邀月橋《ようげつきょう》（橋亭）	竜背橋
湘南亭	釣秋亭

西芳寺の潭北亭《たんほくてい》に対応するものについては、『蔭涼』に名称の根拠が述べられていないために、園池に臨んでいた弄清亭とする説もあるが、潭北亭が流れの淵に位置していたこ

とから考えると、お茶の井の近くの流れに臨んでいた漱蘇亭とするのが妥当だろう。

西芳寺を模倣した理由

東山山荘の基本的な空間構成は西芳寺を念頭に置いたものだった。『蔭凉』によれば、西指庵の太玄関や釣秋亭の建物は西芳寺を参考にし、夜泊船・竜背橋は額まで模倣している。配置・形状・名称まで西芳寺を徹底的に模倣することに、義政が執着を示していることからすると、東山山荘の全体構想から細部意匠まで、自ら指図していたといえる（芳賀《はが》幸四郎『東山文化の研究』）。

しかし、西芳寺を模倣しながら、会所・泉殿を建てているのはなぜなのだろうか。東山山荘の造営当初に、日常生活のための御末・台所・常御所が建てられ、余裕ができた段階で日常生活のためと公的な接見の場所として、会所が建てられている。歴代将軍邸では敷地の西側に寝殿などの晴れ向き施設が建てられ、東側に小御所・常御所、さらに園池を中心に会所・持仏堂・泉殿などの奥向き施設が存在するというのが一般的な形態だったことからすると、公式の場となる寝殿が東山山荘には欠けている（川上、前掲書）。

息子の義尚が亡くなってから寝殿を建て始めたのは、公的な儀式のために必要だったことを物語っている。義政がもっと長命だったら寝殿も建てられ、一層将軍邸としての外観が整えられていったのではないだろうか。

東山山荘も歴代将軍邸の建物配置の伝統を引き継いでいるのだが、義政の当初の意図は将軍邸の奥向き施設だけを取り込むことだった。洛中の伝統的な将軍の邸宅と洛外の禅院の眺望を取り入れた巧みな空間構成を、義政は東山山荘で実現したということになる。東山山荘こそが義政が生涯をかけた理想の邸宅だったといえるだろう。

寛正《かんしょう》六年（一四六五）に義政は東山の恵雲院の地に山荘を営もうとした際に、近衛房嗣に旧第の図を借覧している。洛中の優雅な邸宅を、別荘において再現したいと考えたのではないだろうか。だが、応仁の乱をまじえた十六年という歳月が、義政の状況を変えてしまった。山々の峰が庭を取り囲み、流れ出ている水は美しいという立地条件は、恵雲院の地と共通しているのだが、出家を希望したことから山荘は寺院的色彩が強くなり、西芳寺の優美な境内の様相を模倣することになったのではないだろうか。

その後の東山山荘

義政没後の慈照寺

足利義政《よしまさ》の没後、延徳《えんとく》二年（一四九〇）二月二十四日に義政の遺言に従って、東山《ひがしやま》山荘は寺とされて慈照院《じしょういん》と号された（『蔭凉《いんりょう》』）。翌三年三月十五日に相国寺《しょうこくじ》内の大徳院が慈照院と改称され、慈照院は慈照寺と改められている。

第十一代将軍足利義澄《よしずみ》の時代になると慈照寺の建築は次第に取り壊され、『後法興院《ごほうこういん》記《き》』の明応《めいおう》九年（一五〇〇）十一月四日条によると、対舎が入江殿（三時智恩寺）に移されている。また、文亀《ぶんき》元年（一五〇一）三月十五日に近衛政家《このえまさいえ》が花見に訪れて会所《かいしょ》で酒を飲み、永正《えいしょう》二年（一五〇五）三月二日に再び花見を行なっていることからすると、庭園はまだ形を保っていたのだろう。

天文《てんぶん》十六年（一五四七）四月に北白川の攻略戦で、慈照寺は打ち破られているから、被害は大きかっただろう（『長享年後畿内兵乱記』）。しかし、天文十九年五月二十日に、将軍義晴の葬儀のために慈照寺を訪れた梅叔法霖《ばいしゅくほうりん》は、東求堂《とうぐどう》に宿泊している（『鹿苑日録《ろくおんにちろく》』）。

翌二十一日の義晴の葬儀については、『万松院殿穴太記《ばんしょういんどのあのうき》』に、

> 慈照寺の中に葬場の普請《ふしん》を致す。［略］嵯峨《さが》の間にて御仏事ある。［略］御道は嵯峨の間の西の方、南殿の花壇の通り成《なる》壁を二間切あけて、西の築地《ついじ》の際迄砂を蒔《まき》て、築地の西の際に南北へ通る道あり。

と述べられている。『御飾記』によると「嵯峨の間」は会所内にあった座敷だから、会所は残っていたことになる。南殿はおそらく常御所だろう。会所から南殿を通り、西の築地際の道を火葬のための「火屋」に向かっているので、方向からすると火屋は西指庵《さいしあん》の西側の平地ではないだろうか。

景観年代は十六世紀とされる上杉本『洛中洛外図屏風《びょうぶ》』の右隻《せき》左側（第五・六扇）の上方部分には、慈照寺境内が描かれている（図23）。屋根に鳳凰《ほうおう》を持つ観音殿（銀閣）が象徴的に描かれているので、慈照寺と判断できる。その左手に大きな屋根を持つ建物が二つ並

図23　上杉本『洛中洛外図屛風』の慈照寺（米沢市蔵）

んでいる。この屛風に描かれている建物は規模からすると、『万松院殿穴太記』に述べられている東山山荘の常御所と会所だろう。

『親俊《ちかとし》日記』の天文二十一年八月十四日条に、「東山慈照寺の石を引く」とあるから、蜷川《にながわ》親俊が庭園の一部を壊していることがわかる。永禄《えいろく》元年（一五五八）六月には将軍義輝と細川晴元《はるもと》が、京都を支配していた三好長慶《ながよし》と東山如意岳《にょいがたけ》の東山麓で戦っているので、この時に常御所や会所が焼失した可能性が強い。『信長公《しんちょうこう》記《き》』〔一二〕によれば、永禄十二年に織田信長が将軍義昭のために二条城を造営した際、慈照寺から九山八海石《くせんはっかいせき》を移しているので、さらに庭園の荒廃は進んだと推測される。翌十三年三月二十日に訪れた興福寺多聞院《こうふくじたもんいん》の英俊《えいしゅん》は、「東山殿ノ旧跡名ノミ、アバラヤノ民ノ家ニマジリテ一宇見へ了《たり》」と記している（『多聞院日記』）。

信長は天正《てんしょう》四年（一五七六）十一月六日に、東山で鷹狩をした際に慈照寺を休息所として使っている（『兼見卿記《かねみ》』）。ところが、同九年十月二十一日に「せんたいふとの」が花壇の石を取り去る許可を得ている（『お湯殿の上の日記』）。この花壇は『万松院殿穴太記』にある「南殿の花壇」だろう。

天正十三年から慶長《けいちょう》十七年（一六一二）までの二十八年間は、近衛前久《このえさきひさ》が慈照寺に居住している。その状況は『相国寺光源院文書』に次のように記されている（吉永義信「銀閣寺（慈照寺）庭園」）。

境内畠のさいゑん以下も相押さへられ、迷惑仕り候。彼寺既にたいは（大破）におよひ、くり（庫裏）などこやかけの仕合、柴がきの体をなし候［略］

方丈《ほうじょう》や庫裏《くり》が建てられていたらしいが、その庫裏もすでに老朽化してしまっていた。前久の死去とともに、相国寺は慈照寺を返還するように幕府に願い出て、慶長十七年九月二十三日に近衛家から返されている（『本光《ほんこう》国師日記』二十三日条）。

『鹿苑日録』の元和《げんな》元年（一六一五）閏六月十七日条には、
丹波慈照古寺を再建す。池水を鑿《うが》ち庭を掃き除き、梵宇《ぼんう》一新す。新奇観るべし。

とあるので、返還後には宮城丹波守豊盛が慈照寺の建物や庭園を改修していることがわかる。園池も大改造をしたようにみえるが、観音殿の棟札には寛永十六年（一六三九）に、豊盛の孫の豊嗣《とよつぐ》が祖父の三十三回忌追善のために修復を行なったと記されている（黒川道祐『東西歴覧記』）。この時に園池を大改修した可能性が強いように思う。

江戸時代の状況については、刊行された庭園の本や観光案内書、あるいは一枚刷りの絵から知ることができる。北村援琴《えんきん》著『築山庭造伝《つきやまていぞうでん》』（享保二十年［一七三五］）は、園池を中心に滝（洗月泉）から観音殿（銀閣）までを描いているが、現状とほぼ変わりがない。秋里籬島《あきさとりとう》編『都名所図会《ずえ》［三］』（安永《あんえい》九年［一七八〇］）では、東求堂まで含めた庭園全体が描き出されている（図24）。園池は現状と同様だが、方丈前の銀沙灘《ぎんしゃだん》や向月台は、現在のような高さや大きさにはなっていない。また、花壇が現在よりも南側に東西向きに置かれているという相違がある。

秋里籬島編『都林泉名勝図会［二］』（寛政十一年［一七九九］）になると、園池の護岸石も一つずつ克明に描写されているので、庭園は現状と変わりがないことがよくわかる。こ

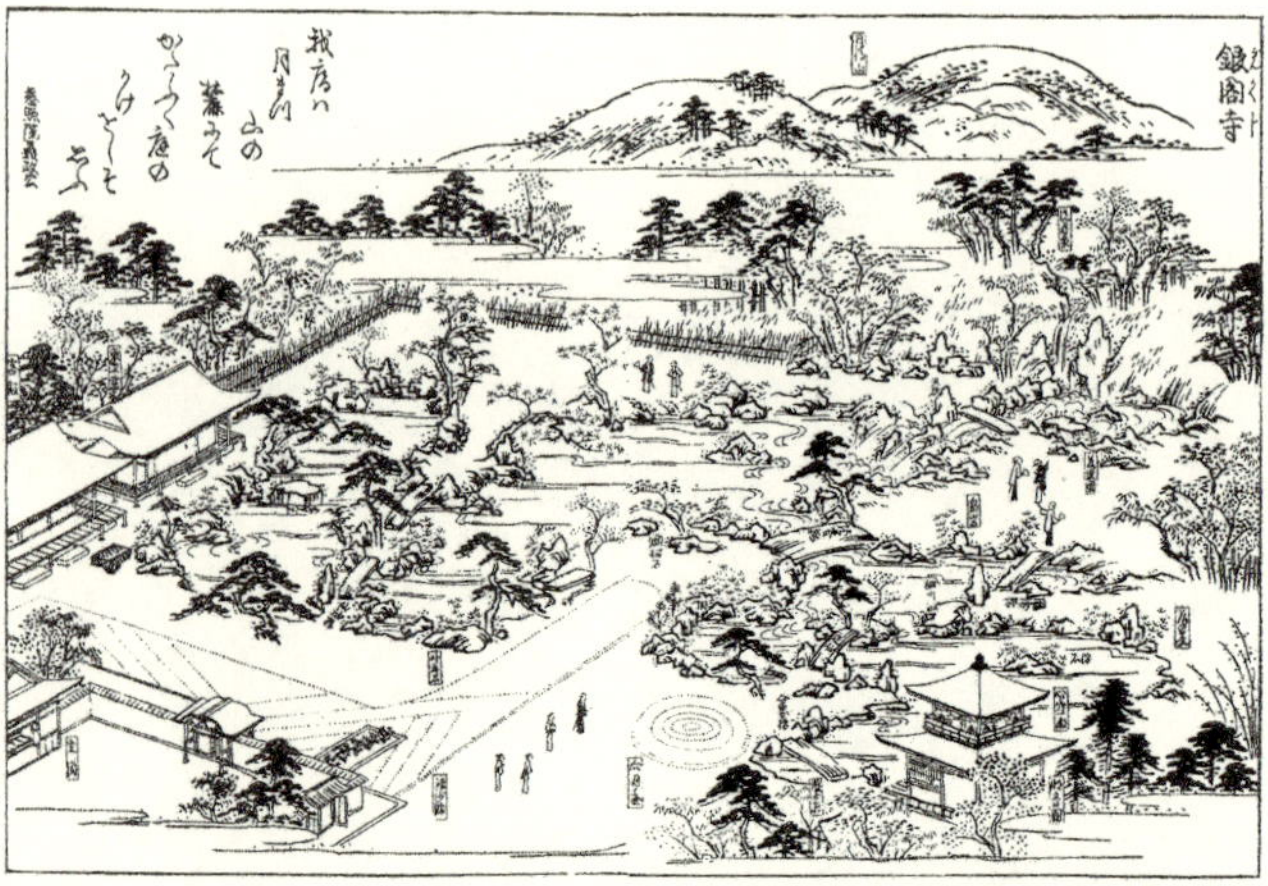

図24『都名所図会』(1780年）の慈照寺庭園

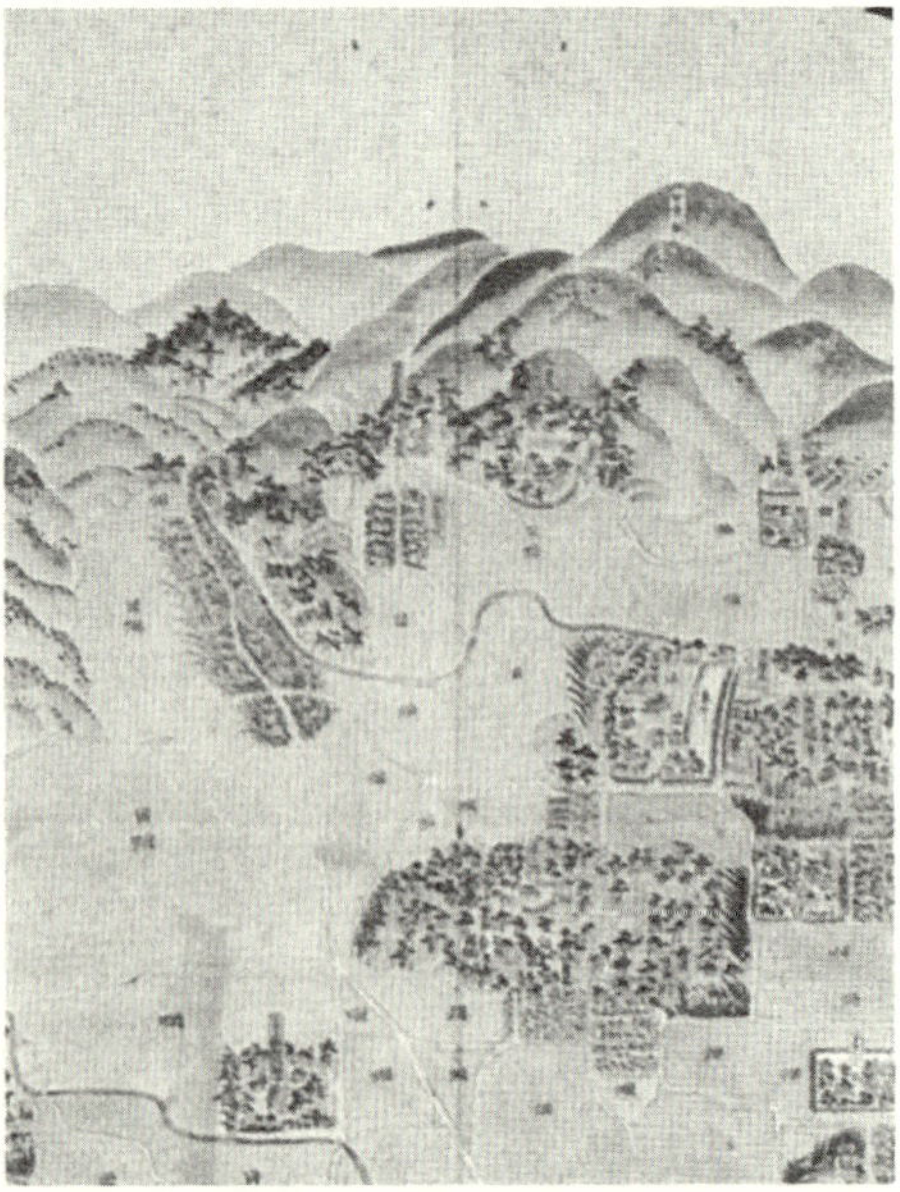

図25　江戸中期の慈照寺周辺（「京都明細大絵図」京都市歴史資料館蔵）

の図にも多くの参拝者が描かれているが、『洛陽名所集［一二］』（寛文四年［一六六四］）に、「院の仮庭《つくりにわ》に閣有《あり》。銀薄《ぎんぱく》にて採《さい》しければ、銀閣寺とも云うなり」とあるように、寺社詣《もう》でが盛んになるにつれて観光化し、観音殿には銀箔が貼られていたという俗説が、江戸時代前期には生まれている。

発掘調査の成果

昭和三十九年（一九六四）一月から翌四十年六月まで行なわれた東求堂の解体修理工事の際に発掘調査が行なわれ、東求堂の下、四十五𨉷《チセン》までが木炭混じりの粘土層で、九十𨉷《チセン》ほどで旧地盤が確認されている。この旧地盤と木炭混じり層の間で、旧浄土寺の庭園遺構と推測される庭石数個が発見された。旧地盤の高さは現在の園池の水面の高さに相当するという（『国宝慈照寺東求堂修理工事報告書』）。

平成五年（一九九三）度の防災工事を契機として行なわれた発掘調査では、東山山荘の時代の遺構として、方丈裏の書院北側で園池跡、書院東側で導水施設と基壇を持つ礎石建物が検出されている。導水施設の下側の石には上面に溝が彫られ、蓋石との接合部分には漆と布で目地が施され、上部は粘土で覆われていた（図26、『平成五年度京都市埋蔵文化財調査概要』）。この導水施設は飲料水として使うために、御茶の井あたりから地下水を、常御所に付属する台所へと引いたものだろう。検出された礎石建物は、『蔭凉』長享二年

図26　出土した東山山荘の導水施設
（1993年撮影）

（一四八八）五月十三日条に「東府に於いて蔵殿建てらるべし」と述べられているものだろうか。

現在の東求堂・園池・観音殿周辺の地表は、ほぼ平坦になっているが、発掘調査によると室町時代の遺構面は地表から、東求堂の北東近くで八十センチ下、観音殿の西方で一メートル下、観音殿の南西側で九十センチ下から検出されている。義政の時代以降に全体的に一メートルほど盛土されて、現代の庭園がつくられているということになる。東山山荘の時代の地表面は、発掘調査では現在の園池の水面高と同じとされているので、東求堂下で見つかった庭石は旧浄土寺のものではなく、東山山荘の遺構ということになる。

平成十五年の中門の解体・新築に伴う発掘調査では、中門の敷石から四十五センチ下で、室町時代後期とされる基壇あるいは園路に関連する石列が検出されている。この石列の主軸方向は北向きだが、西へ十五度ほど振っている。昭和六十一年に庫裏の下で発見されている室町時代の溝や、平成五年の導水施設などが同様の方向を示していることから、東山山荘の造営では西に十五度ほど振った方向を、主軸方位としていると推定されている。江戸時代以降の遺構になると、主軸は現在のような真北方向に変わっている（『史跡慈照寺［銀閣寺］旧境内』）。

観音殿（銀閣）の移築説

銀閣と呼ばれている観音殿についても、移築説が出されている（宮上《みやかみ》茂隆『日本名建築写真選集［十一］』）。外見上では、一階は東側が正面なのに、二階は南側が正面になっているという疑問点があるとされている。構造的に見ると、二階の荷重の半分近くを受ける南側と北側の梁《はり》が、二間持ち放しの桁《けた》の上に載っているだけでなく、梁が桁の上に立てた短い束《つか》の上に載っているというような不合理なことが見られるという。中風《ちゅうぶう》となり余命わずかと感じた義政が工事を急いだことから、母のために造立した高倉御所から中の亭を移築して、観音殿としたという推論がされている。

東山山荘の造営では西に十五度ほど振った方向が主軸方位だったとすると、観音殿は現在の方丈・東求堂と同様に真北方向を主軸にしているので、移築されている可能性が出てくる。発掘調査からは観音殿一帯は一米《メートル》ほど盛土《もりつち》していることが判明しているので、観音殿が移築されていることは間違いないだろう。

『蔭凉』寛正三年（一四六二）十月十一日条に、「（義政が）舎利殿御登覧ならびに御焼香。満林青松、翠木《すいぼく》（緑の木）の間、楓樹《ふうじゅ》錦の如し」と記されているように、西芳寺の舎利殿（瑠璃殿）は二階建てで、眺望が楽しめる建物だった。十五日には義政は鹿苑寺の金閣に登り、「西芳寺の風景を減ぜず（劣らない）」と言っているので、閣からの眺望を意識していたはずなのだが、現在の銀閣の二階に登って庭園側を見ると、一階で眺めた景色と大差がない。寛永十六年（一六三九）に宮城豊嗣が、観音殿を改築したと考えていいのではないだろうか。豊嗣は改築の際に、庭園側から眺めて美しい建築に変貌させてしまったように思う。

園池の調査結果

園池はどのように変化しているのだろうか。昭和五十四年（一九七九）に園池の浚渫《しゅんせつ》工事の際に調査したところ、護岸石組はすべて変成岩（砂岩ホルンフェルス）の礫《れき》の上に据えられていることがわかった（飛田ほか「銀閣寺［慈照寺］園池の調査結果について」）。

図27　慈照寺庭園の護岸石組（1979年撮影）

庭石を安定させるために、根石と呼ばれる小石をいくつか庭石の下に差し込むのだが、層状に礫を十―二十センチほど盛ってから石組を置くということは、他の庭園では見られない。園池の護岸石組は、普通はいくつかの小ぶりの石を積み上げるのだが、ここでは一メートルほどの高さの石を、一つだけ使う合理的な方法になっている（図27）。

慈照寺園池の護岸石組は、ほぼ全体が同じ工法で築かれていて、改修したり継ぎ足したりした形跡がなかった。現在の慈照寺の園池は、義政が造営した当時の姿そのままか、あるいはある時期に大改修して築き直した、ということが考えられた。発掘結果からすると、義政の時代以降に全体的に一メートルほど盛土しているので、園池の護岸石組をある時期にすべて撤去して、築き直したと見るのが妥当だろう。残存していた石を再利用するために、下に礫を盛ってかさ上げしたと考えられる。

昭和八年に発見された池底の切り株を（龍居松之助「慈照寺の池に就て」）、園池の調査の際に再確認することができた。東求堂前の中島（白鶴島）の西北隅の池底には、直径三十センチほどあるアカマツの切り株が残っていた。切り株の根は中島の石組の礫層の下まで続くので、園池をつくる以前に生育していたと考えられる。義政はアカマツ林だった山腹を切り開いて、東山山荘を造営したということになる。現状の池底は東山山荘の時代そのままに近いだろう。東山山荘の時代の地盤高は現況の水位に近いとされているので、当時の園池はかなり浅いものだったことになる。

東山山荘の園池の規模

義政が舟を浮かべるつもりだったことや、竜背橋は亭を持つ橋だったことからすると、園池はかなり長く幅が広かったのではないだろうか。護岸石組をすべて取り外して置き直したのは、園池を縮小するためだった可能性が高い。久恒秀治は『京都名園記〔上〕』の「銀閣寺の庭」の項で、

現在「千代の槇」より南西、山際《やまぎわ》までの平坦地はほとんど昔の庭池で、池底に石が敷

かれていることは確かめてみた。金梃子《かなてこ》を竪につくと同じ深さのところでこつこつと当たる。

と、園池が縮小されていることを確認したと述べている。金梃子を地表から突き刺して、一定の深さで石に当たることを確かめたという。池底を堅固にするためや水を澄ませるために石を貼ることがあるので、東山山荘でもそうした工法がされていたのだろうか。

東山山荘の園池が広かった可能性を示す痕跡はこのほかにもある。東側の滝（洗月泉《せんげつせん》）の下方で滝壺に溜まった水は流れ出し、北側は池に流れ落ちているが、南側は細い流れになって山裾をめぐっている。南側で突然流れの幅が狭くなっているのは、埋め立てた可能性を示しているように思う。発掘調査から東山山荘時代の園池の岸は、北側は現在の東求堂の南まで、西側は向月台《こうげつだい》付近まで陸地だったことが確認されている。問題は東側と南側にどの程度まで広がっていたかということになる。

義政が建物の配置と形状まで西芳寺を模倣したとすれば、園池も同じように形と規模もまねたと想像される。西芳寺庭園も洪水と改修を繰り返しているために、どこまで当初の形が残っているのか疑問なのだが、森蘊《おさむ》が作成した慈照寺庭園と西芳寺庭園の実測図を（『中世庭園文化史』）、同じ縮尺にして合わせると図28のようになる。

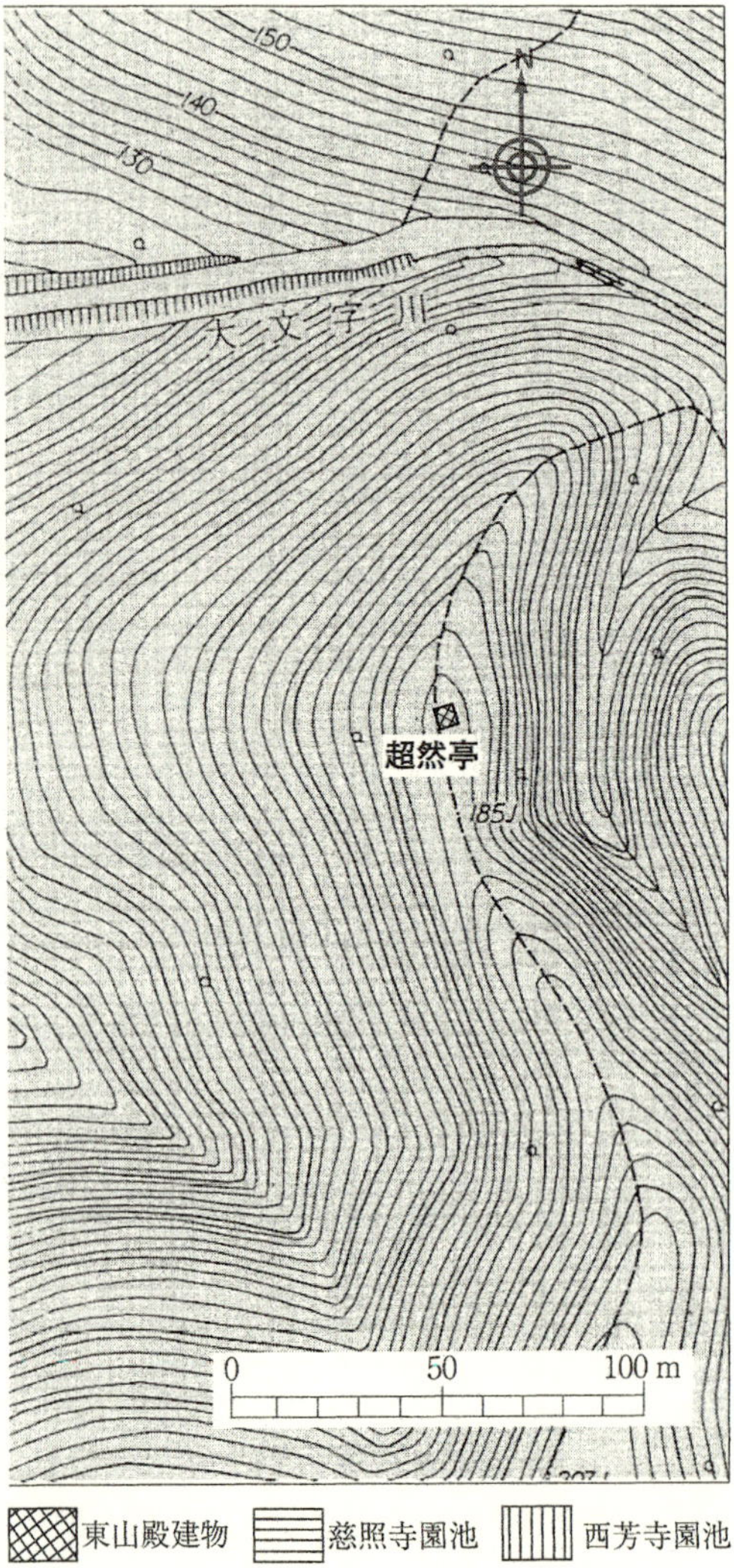

西芳寺の園池を東に約三十五度傾けると、慈照寺の園池と合致する。慈照寺の園池の西岸の形や東求堂の前で池がくびれていることは、西芳寺の園池とよく似ている。西芳寺の園池の東側と南側を縮小すると、慈照寺の園池の形に近くなる。東山山荘は西芳寺の園池まで、そのまま模写している可能性が高い。東山山荘の園池は現在と較べて面積は二倍以上あり、東側は山際まで、南側は今よりもさらに南に広がっていたと推測される。

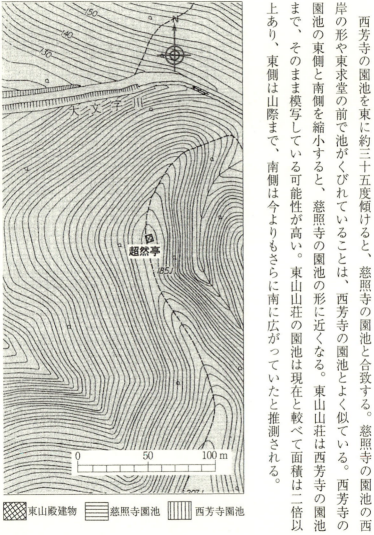

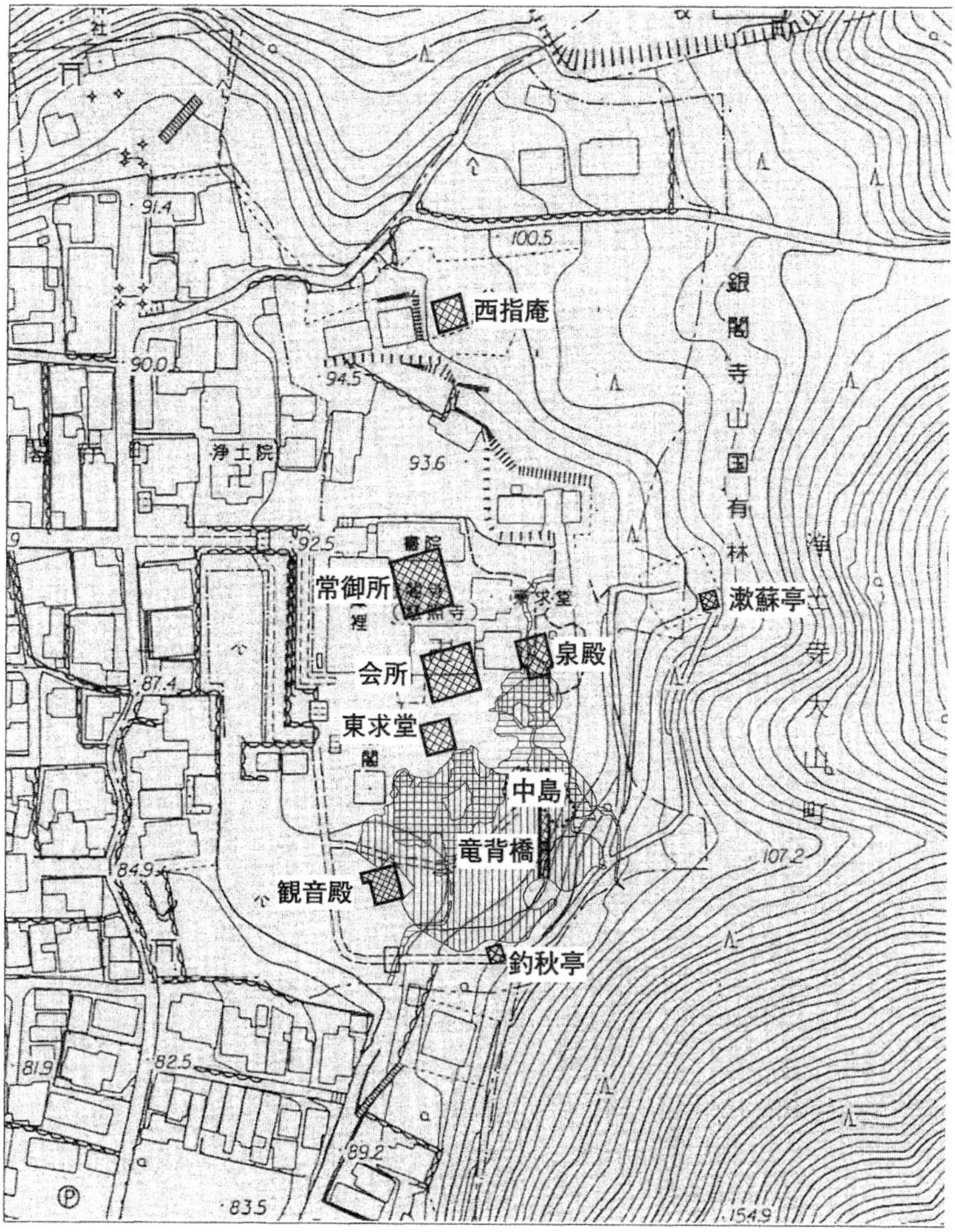

図28　東山山荘の推定復元図

東山山荘の建物配置

現在は存在しない東山山荘の会所や泉殿・夜泊船・竜背橋《りゅうはい》（亭橋）・釣《ちょう》秋《しゅう》亭・漱蘇《そうそ》亭などは、一体どこに位置していたのだろうか。東山山荘の建物配置については、これまで多くの研究があり、さまざまな推定案が提出されている。これまでの説は百瀬《もも せ》正恒がまとめているが（「東山殿［慈照寺］の建物配置と庭園」）、宮上茂隆がさらに新しい推定案を提起している（「東山殿の建築とその配置」）。発掘調査による新しい発見もいくつかあるので、その成果も合わせて考え直してみたい。

室町の人びとが東山山荘の内を巡った順序が、建物の位置関係を知る上で重要になる。『蔭凉』には次の四つの経路が記載されている。文明十七年（一四八五）七月八日に、亀泉《きせん》集証《しゅうしょう》たちは「西指庵→超然《ちょうねん》亭」へと山路をたどっている。長享元年（一四八七）十二月十三日に横川景三《おうせんけいさん》と亀泉は、「会所→泉殿→東求堂」の順で見物し、延徳元年（一四八九）六月十六日に横川と亀泉は、「釣秋亭→竜背橋→泉殿→弄清《ろうせい》亭→漱蘇亭→西指庵」の順で巡っている。義政の没後の延徳二年二月二十四日に足利義視が東山山荘を巡視しているが、順序は「道場（常御所）→東求堂→会所→泉殿→観音殿→会所」という具合だった。

この四つを比較して見ると、長享元年と延徳二年の経路から、会所・泉殿・東求堂・観音殿は近い位置にあったと考えられる。東求堂・会所・泉殿の行き来に橋を渡った記録がないことからすると、泉殿と会所・東求堂は廊下で結ばれていたのかもしれない。文明十七年と延徳元年の経路からは、釣秋亭・竜背橋・泉殿・弄清亭・漱蘇亭・西指庵・超然亭は山側に位置し、一連の配置になっていたと推測される。西芳寺の場合には西来堂と舎利殿が園池の北岸に建っていたが、東山山荘の場合は東求堂と観音殿が園池の西岸側に位置していることが、大きな相違だったといえる。

東求堂・銀閣が移築されていて、園池も縮小されている可能性が高いので、建物配置を推定することは困難を極める。発掘結果に従って、建物はすべて西へ十五度振ることにした。会所・常御所の形状・規模は、『御飾記《おかざりき》』に基づいていくつか説が出されているが、ここでは宮上茂隆の推定によった（宮上、前掲論文）。会所は規模の大きさからすると、現在の方丈あたりだったのではないだろうか。出土した導水施設の延長線上に、常御所に付属した台所が存在していたと考えられる。現在の庫裏の下からは大規模な建築遺構が検出されていないので、常御所と会所はこの場所には存在していなかったことになる。

東求堂は川上説のように、向月台近くの園池に張り出した岸の部分としたいのだが、ここからは暗渠と庭石の根石が検出されているので、東求堂は向月台よりも北東側だろうか。観音殿（銀閣）は園池が東側に広がっていたとすれば、現在よりも南側が元の位置として考えられる。園池全体が見渡せる西芳寺の湘南亭の場所に、観音殿を置いてみた。泉殿は会所・東求堂に近かったらしいので、現在の東求堂の東側に想定した。

洗月泉の前で南に別れた流れが広がった部分に、竜背橋は架けられていたとすれば、橋を架けるために中島が必要になる。現在の「千代の槙」部分の護岸が、そのまま中島の岸になるのではないだろうか。釣秋亭は命名の理由からすると、観音殿と竜背橋の間の園池の湾曲部分に位置していたと考えられる。以上の推測をまとめると、東山山荘の建物配置は図28のようになる。

山荘造営の方法

敷地取得と造営経費

山荘敷地の取得

足利義政《よしまさ》は将軍を引退した後に東山山荘の造営を開始しているが、どのようにして敷地を取得したのだろうか。財政的に厳しかった時に、造営資金はどのように調達したのだろうか。義政が工事を直接指示することも多かったが、実際の監督者は誰だったかということも問題になる。また、どのようにして建設用の材木や庭園用の樹木・庭石を集めたのか、施工は誰が行なったのかも明らかではない。こうした東山山荘の造営工事の実態を探ってみたい。

足利義満《よしみつ》が北山殿《きたやまどの》を造営した際には、応永《おうえい》四年（一三九七）一月に所有者の西園寺《さいおんじ》氏に河内《かわち》国の多くの領地を与えて、鎌倉時代には名園として名高かった西園寺殿（北山殿）を入手している（『足利治乱記［上］』）。室町時代には土地は金銭を払って取得するのではなく、土地と交換することが多かったのだろうか。

義政が寛正《かんしょう》六年（一四六五）八月十日に、東山の南禅寺塔頭《たっちゅう》の恵雲院の場所を山荘にすることを決定した際には、まず前将軍義勝の菩提所《ぼだいしょ》だった慶雲院を相国寺《しょうこくじ》の寿徳院に移転させ、文正《ぶんしょう》元年（一四六六）七月六日に慶雲院の跡地に恵雲院を移している（『蔭涼』）。繰り返し替地を行なったわけだが、恵雲院に播磨《はりま》の置塩庄《おきしおのしょう》を与えているのは、不満が出ないようにするためだったのだろう。

義政が東山山荘の敷地とした浄土寺は、創建年代は不詳だが、寛仁《かんにん》年間（一〇一七―一〇二〇）に第二十五世延暦《えんりゃく》寺座主明救が堂舎を再興して、それ以後門跡《もんぜき》寺院になっていた。『大乗院寺社雑事記』の文明《ぶんめい》十五年（一四八三）七月一日条や『蔭涼《いんりょう》』延徳《えんとく》二年（一四九〇）二月十九日条では、浄土寺は比叡山《ひえいざん》延暦寺の末寺《まつじ》で恵良《けいりょう》和尚《おしょう》の旧跡とされている。宝徳《ほうとく》元年（一四四九）六月二十二日に浄土寺の主要な堂宇《どうう》が焼失して衰退していたことから（『康富記《やすとみき》』）、義政は取得を考えたのかもしれない。浄土寺を相国寺の西に移転させて、その跡地を入手するという土地交換の手段をとっている。

しかし、『蔭涼』延徳《えんとく》二年二月十九日条によると、義政が死去した後に延暦寺は、浄土寺が天下無双の霊地であるのに墳墓を取り壊すことは許されないと、幕府に訴えている。これは義政の遺骨が東山山荘にも埋葬されることに対しての抗議で、義政が浄土寺の土地に山荘を営んだことを、延暦寺は快く思っていなかったことを示している。

等持《とうじ》院に対して等持寺、鹿苑《ろくおん》院に対して鹿苑寺が存在するように、慈照院と慈照寺があるべきだという理由付けがされ、延徳三年三月十五日に相国寺内の大徳院が慈照院と改称されて、慈照院は慈照寺と改められた（『蔭凉』）。西指庵《さいしあん》の書院に影像を掛け床下に遺骨を安置するようにと義政は遺言していたのだが、三月二十一日に義政の遺骨は慈照院に納められた。これが強引な山荘造営の結末だった。

義政配下の担当者

足利義満の北山殿造営の際には、普請奉行《ふしんぶぎょう》十六人とその配下の者二十人、大和・河内《かわち》・和泉《いずみ》の御家人《ごけにん》などが造営担当になっている（『足利治乱記〔上〕』）。義政の場合、長禄《ちょうろく》二年（一四五八）十一月二十七日に室町殿の再建工事を開始した時には、惣奉行《そうぶぎょう》を山名金吾入道《やまなきんごにゅうどう》と畠山匠作《はたけやましょうさく》入道の二人が勤め、管領細川と侍所の京極《きょうごく》が普請を行なっている（『在盛卿記《ありもりきょうき》』）。三管領《かんれい》のうちの畠山・細川と、四《し》職《しき》のうちの山名・京極が協力していたことになる。『在盛卿記』の同年十二月五日条には、作事方奉行人として「結城《ゆうき》入道浄孝、同子政藤」と「千秋《せんしゅう》刑部《ぎょうぶ》少輔勝季」などの名前が挙げられている。

結城浄孝か子の政藤か不明だが、結城勘解由左衛門尉《かげゆさえもんのじょう》という人物は、『蔭凉』によれば長禄二年七月から八月にかけて、烏丸殿の泉殿・持仏堂《じぶつ》・湖橋の額字の段取りをすることを、義政から命じられている。寛正元年（一四六〇）十二月二十六日の暮れからは、室町殿泉殿の障子の賛詩について仲介役を務めている。また、翌二年十月二十四日に雲頂院の樹木を伐採する奉行を命じられ、三年七月二十日に高倉殿の亭の名称と額を選ぶ際には、仲介役を務めている。六年八月十日には、東山に山荘適地を探す下見も行なっている。

千秋刑部少輔勝季とは断定できないが、「千秋刑部」という人物は、『在盛卿記』の長禄二年二月二十四日条によると賀茂在盛《かもありもり》に烏丸《からすまる》殿の庭に石を立てることについての不審な点を質《ただ》し、十一月一日条によると烏丸殿の園池《えんち》に水を入れる日について尋ねている。さらに、義政が室町殿を再興した際には、寛正元年閏九月十六日に樹木や庭石を進上するように寺院に伝え、翌二年四月十七日には玉泉寺に園池の石を献上するように申し渡している（『蔭凉』）。六年五月十三日には仙洞《せんとう》御所に水を引くための地形図を、千秋が相国寺から受け取っていることからすると、土木工事にも通じていたのだろう。

東山山荘の造営以前に義政が行なった工事では、結城勘解由左衛門尉が事務的な事を処理し、千秋刑部少輔が主として庭園・土木工事の技術的なことを担当していたと考えられる。

幕府奉行人と所司代の役割

『蔭凉』文明十六年（一四八四）九月二十日条に「時に相公庭間に御成り、普請御覧ず」とか、同十八年六月五日条に「亭の指図をせらるに依り、南縁に御座す」とあることからすると、義政は東山山荘の庭園工事や建築工事にまでかなり細かく指示を出していたことがわかる。しかし、義政一人で山荘造営ができるわけではないので、東山山荘の造営組織というものが存在していたと考えられる。「二十一口方評定《ひょうじょう》引付《ひきつけ》［五］」（『大日本八—十四』）によれば布施《ふせ》下野守《しもつけのかみ》英基と松田対《つし》馬守《まのかみ》数秀が連名で、東山山荘の普請料を進上するように東寺《とうじ》に要求しているが、彼らは室町幕府の奉行人だった。奉行人は右筆《ゆうひつ》とも呼ばれ、鎌倉幕府以来の法曹《ほうそう》の家々から任用されて、控訴の実質的な審理に当たっていた官僚だった。義政が長禄三年（一四五九）に室町殿を再建した時に、造作奉行を布施下野守と松田豊前《ぶぜん》守が務めているが、同一人物だろうか（『長興宿禰記《ながおきすくねのき》』二月十三日条）。

松田対馬守数秀は文明十五年八月三日付け東寺文書の「二十一口方評定引付」（『大日本八—十四』）に、「寺奉行松田対馬〔今度普請一方奉行なり〕」とあるので、寺奉行だったが東山山荘の普請奉行も兼務していることがわかる。長享《ちょうきょう》二年（一四八八）三月二十二日には、義政の指示で河原者が相国寺内に「紅薬（種類不明）・高麗菊《こうらいぎく》」を探しに訪れた際には、松田の紹介状を持参している（『蔭涼』）。

所司代《しょしだい》の浦上則宗も東山山荘造営に関わっていて、布施と松田が連名で書いた東山山荘の鎮守八幡宮の普請料を要求する奉書を、文明十五年七月二十六日に東寺に送っている（京都府立総合資料館編『足利義政とその時代』）。幕府奉行人や寺奉行・所司代までが関わっていることからすると、東山山荘造営は室町幕府の直営事業のようにみえる。しかし、幕府の資金援助が明確でないことからすると、義政が前将軍だったという関係から、幕府奉行人が関わっていた感じが強い。

応仁の乱までは将軍が御教書《みぎょうしょ》を書いてその施行状《せぎょうじょう》を管領が出し、さらに遵行状《じゅんこうじょう》を守護が出すという縦の文書伝達系列になっていたが、乱後は将軍の御教書を受けて幕府奉行人が奉書《ほうしょ》を出すというように変化している（飯倉晴武『日本中世の政治と史料』）。息子の将軍義尚《よしひさ》が承諾すれば、前将軍だった義政は奉行人に命じて奉書を出させることが出来たということになる。奉行人の多くは将軍から預けられた御料所からの収入を拠り所としていたから、御料所を押さえることができた義政に、同調せざるを得なかったということだろうか。

造営担当者

東山山荘の直接の工事担当者を見ると、文明十四年（一四八二）七月二十四日の門立柱については、『長興宿禰記』に「造事奉行結城勘解七郎（尚隆）以下数輩」と記されているので、造事奉行は結城尚隆だったことになる。以前から庭園工事に関わっていた結城勘解由左衛門尉の息子だろうか。

また、『実隆《さねたか》公記』の長享二年（一四八八）十一月十六日条に、「人足《にんそく》十余人、庭者一人を召し進む。奉行青侍《あおざむらい》中沢男（中沢の息子）の所に進むなり」とあるから、造事奉行の下で青侍（身分の低い若い侍）の中沢備前守《びぜんのかみ》之綱が、庭園工事などを直接指揮していたと考えられる。中沢備前守については『蔭涼』文明十八年七月二十一日条に、「造作奉行」と書かれている。これが彼の東山山荘造営の役職名なのだろう。

文明十八年二月十二日に、義政の側近だった安芸国《あきのくに》の国人（在地領主）の小早川美作守《みまさか》（敬平）は、東求堂の額字に関わっているが、六月五日には番所で申次衆《もうしつぎしゅう》の伊勢右京（貞遠）と御物奉行の調阿弥《ちょうあみ》らと、新亭の指図《さしず》（設計図）を見ながら話し合っている（『蔭涼』）。東山山荘の義政の側近や申次衆・御物《おもの》奉行も、造営の細部のことに関わっていたことがわかる。

実際の工事の現場では、人夫を提供した公家の家臣が責任者として監督も行なっていた。『実隆公記』によれば、文明十七年二月十六日から十八日に鎮守築造がされた際には、西園寺と三条西家は所領から人夫を出して工事を行ない、「西園寺奉行」として高成・筑後（基景）・基尚の三名と、「三条西奉行」として元盛が監督をしている。翌十八年四月十五・十六日に神楽岡の芝を新しく造った道に貼った際にも、同様に西園寺・三条西の両家から責任者を出している。

なお、賄賂《わいろ》あるいは手数料と呼べるものが担当役人に渡されている。『山科家礼記《やましなけらいき》』の長享二年二月二十六日条には、

今日七郷《しちごう》の普請料二千疋《ひき》を御倉へ納む。松田対馬二百疋、野村百疋、伝奏《てんそう》ミヤケ百疋。

と記されている。山科家所領の山科七郷が普請《ふしん》の寄付として二千疋を納める際に、幕府奉行人の松田対馬守数秀に総額の一割、その配下らしい野村某《なにがし》と東山山荘の取り次ぎ役に、総額の五分を渡している。

歴代将軍邸の造営経費

第二代将軍義詮《よしあきら》が貞治《じょうじ》三年（一三六四）に三条坊門殿を造営した際のことについては、『太平記［三十九］』に「一殿一閣を大名一人づゝに課て造らる」と述べられているので、造営経費は守護たちが負担していたことがわ

かる。

　第三代将軍足利義満の北山殿の造営費については、『臥雲日件録抜尤《がうんにつけんろくばつゆう》』によれば瑞渓周鳳《ずいけいしゅうほう》の問いに対して最一検校《さいいちけんぎょう》は、文安五年（一四四八）八月十九日に次のように答えている。

　経営いまだ畢《お》わらざる時、略《ほぼ》その費《つい》えを考えしむに、則ち二十八万貫なり。然らば則ち畢功《ひっこう》（竣工）に至らば、すなわち殆《ほとほと》百万貫か。

北山殿では百万貫にも達する膨大な造営経費がかかっていたことがわかる。この記述の前の部分に「初め諸大名の士に命ず」とあるので、守護大名たちが経費を分担していたことになる。だが大内義弘だけが、「吾士にして弓矢を以って業をなすのみ。土木を役《つと》むべからず」と拒否している。

　足利義満の北山殿の造営・維持費を支えたのは、第一に室町幕府が持っていた御料地《ごりょうち》からの収益、第二に臨時に諸国に段銭《たんせん》を課すことや土倉役《どそうやく》・酒壺銭《さかつぼせん》と呼ばれた京都内外の質屋・酒屋に課税することで、第三は天龍寺船という名の船を使った日明《にちみん》貿易だったとされている。段銭は幕府が諸国の田地の面積に応じて課した税だった。土倉・酒屋に対しての課税規定は、明徳《めいとく》四年（一三九三）十一月二十六日には明文化されて定期課税になっている（林屋辰三郎『封建社会成立史』）。

第六代将軍義教《よしのり》が永享《えいきょう》三年（一四三一）に室町殿を再興した際には、その費用を各守護が分担する守護出銭《しゅっせん》でまかなうことが、管領邸での評定会議で決定されている。『満済准后《まんさいじゅごう》日記』の永享三年八月三日条によると、

用脚（費用）一万許《ばかり》分先《ま》ず支配（分配）すと云々。三ヶ国、四ヶ国守護は千貫、一ヶ国守護は二百貫と云々。よって千貫衆七人、二百貫十五人と云々。

というように、各大名が保有する分国数をその基準として、負担分が決定されている（井上光貞他編『日本歴史大系［五］』）。

こうして見ると、歴代の将軍が邸宅や別荘を造営するのに、守護大名に負担させることが一般的だったことがわかる。義政が将軍となって烏丸殿へ移った時にも、『斎藤基恒《もとつね》日記』の文安《ぶんあん》二年五月二十八日条に、「要脚《ようきゃく》の事、一国別百五十貫文宛《あて》沙汰なり」とあるように、費用を諸国に課して室町殿の建物を解体・移築している。また、義政が室町殿を再建した際には、長禄三年（一四五九）二月十三日に諸国に段銭を課すことが計画されている（『長興宿禰記』）。幕府が寛正四年（一四六三）四月三日に、室町殿の造営費として相国寺に千貫を進上させているのは（『蔭凉』）、財政的にかなり苦しくなっていたということなのだろう。

東山山荘の造営経費

東山山荘の造営経費については、すでに詳しく論じられている（黒川直則「東山山荘の造営とその背景」）。東山山荘の造営開始から常御所造営の文明十五年（一四八三）六月までは、「御山荘御要脚」の名のもとに守護大名に経費を負担させる「守護出銭」が行われていたとされている。文明十四年閏七月八日に朝倉氏景に強要した結果、氏景が九月二十七日に二万疋を献上していることなどが（『大日本八―十四』）、守護大名に負担させている事例になる。造営段銭の例としては、翌十五年七月十七日に、安芸《あき》・石見《いわみ》両国に知行分の段銭を要求していることなどがある（『吉川文書《きっかわもんじょ》』〔『大日本八―十四』〕）。

しかしこれだけでなく、東山山荘の造営・維持経費を確保するために、将軍家の生計を支える私的な財源となる御料所（直轄地）を、東山山荘の御料所にするということもあった。文明十四年十月十日には近江国の小幡郷・朝妻・朝妻出作・江辺富波・浅小井（『大日本八―十四』）、十月二十八日には美濃国の三井村・羽丹生郷・郡上保小野・同吉田、長享二年（一四八八）二月二十三日には美作国江見庄を東山山荘御料所としている（『蜷川家文書〔二〕』）。御料所を東山山荘に所属させてしまったことは、将軍の権力を弱め幕府を弱体化させる一因になっただろう。

文明十七年四月までの超然亭《ちょうねんてい》・西指庵の造営のためには、守護出銭だけでなく、国役段銭の形をとった守護大名を通じて集められた「造営段銭」と、山城《やましろ》国の寺社本所領に限って徴収された「東山山荘御普請料」が当てられているとされている。「御普請料」としては、「二十一口方評定引付」（『大日本八―十四』）によれば、文明十五年七月二十七日に東寺に百貫文を要求し、『後法興院記』によれば同年十一月二十三日に、近衛政家《このえまさいえ》に下桂分六百疋を課している。

会所《かいしょ》が造立《ぞうりゅう》される長享元年十一月までや、それ以降の観音殿が造立されるまでの期間は、山城国内の荘園に対する負担がますます強まる傾向があったとされている。東寺の荘園からは長享二年になると、「毎年沙汰致すべき事、叶《かな》い難き由詫び事申す」（『東寺百合文書［ね］』十一月十六日条）、「百姓一銭も出申す事、叶い難く候」（『東寺百合文書［チ］』十二月十五日付）という、苦情が続出するようになる（『大日本八―十四』）。こうしたことも山城国内の不満が高まり、幕府が瓦解《がかい》していく一因になったと推測される。

各寺社や公家が負担分をどのように処理したかは、東寺の例から推測することができる。東寺は普請料の負担分を所領に要求し、文明十四年に十三貫百四十三文、十七年に十五貫文、十八年に十六貫百文、長享元年に二十貫二百八十三文、長享二年に十三貫五百文、延徳元年（一四八九）には二十五貫百六十三文を課している（『東寺百合文書［ひ・リ］』［『大日本八―十四』］）。具体的に示すと、文明十七年に東寺は所領の荘園・散所や境内で雇用している人夫に対して、それぞれの負担分を次のように決めている。

上久世庄《かみくぜ》　五貫文、下久世庄　二貫八百文、植松庄　四貫文、上野庄　一貫文、柳原五百文、散所　五百文、境内（人夫六十人分）　一貫二百文、以上拾五貫文

しかし、荘園から要求通りの金額が届けられたわけではなく、長享元年には昨年分の未納分と利息分十貫八十三文を足して、二十貫二百八十三文を要求している。

将軍職を退いた義政が東山山荘を営むのに、諸国の守護に税を課し、洛中の寺院・公家に寄付を強要したことや、幕府御料所を東山山荘の御料所にしたことは、義政が政治上の権力を掌握していたことを示しているわけだが、公私の区分が不鮮明なのは古代社会から続く伝統だった。

資材の調達

建築用材の調達

木造建築を建てる場合には、建造後に材が割れたりしないように、早くから材木を用意して乾燥させておく必要がある。そのためか、東《ひがし》山《やま》山荘を営むことを公表した文明《ぶんめい》十四年（一四八二）閏七月二十九日に、美濃国から造営のための木材を切り出させている（『蜷川《にながわ》家文書［一］』）。美濃《みの》が選ばれたのは、義政が文《ぶん》正《しょう》元年（一四六六）に東山の恵雲院に山荘を造営しようとした際に、同年十一月二十日に斎藤五郎兵衛尉豊基と松田主計《かずえのすけ》亮数秀を、美濃国に用材の点検に派遣していることに関連しているのだろう（『斎藤基恒《もとつね》日記』）。

『南禅寺文書』によると南禅寺修造の用材の場合は、文安《ぶんあん》四年（一四四七）前には美作《みまさか》・

四国・播磨《はりま》・備前《びぜん》などの西国《さいごく》や近江《おうみ》の朽木《くつき》から調達しているが、以後は飛驒《ひだ》・美濃・尾張・近江《おうみ》などの東国から入手するというように変化している（竹田和夫「室町時代における禅宗寺院の建築経営について」）。

木材の運送には諸国の通行を保障する「過書《かしょ》」が必要とされ、南禅寺の用材を四国から運搬する際には、畿内の問丸《といまる》や材木屋が媒介となっていたことからすると、西国の守護大名との関係で入手が困難になったということだろうか。あるいは西国では伐採が繰り返し行なわれたことから、良材を得にくくなったということも考えられる。

義政が烏丸殿を造営していた長禄《ちょうろく》元年（一四五七）七月十三日に、幕府奉行人の諏訪忠郷と飯尾為教が連署して東寺《とうじ》に対して、

御泉殿已下《いか》の所々の御新造料の御材木、近日大津・松本の浦に着岸すべし。西唐橋《にしからはし》の人夫を以って配符の旨に任せ、曳き進めらるべきの由、仰せ出され候なり。

という指示を出している（『東寺百合文書［を］』『足利義政とその時代』）。伐採地はどこだか不明だが、烏丸殿の造営用材木は琵琶湖を経由して京都に運び込まれていたことがわかる。

また、義政が室町殿を再建した際には、長禄二年十二月八日に結城勘解由左衛門と飯尾

下総守・飯尾加賀守が材木調達のために江州（滋賀県）に下向している（『在盛卿記』）。烏丸殿の用材の伐採地も江州だったのだろうか。

東山山荘の用材

東山山荘造営の際には、美濃で採取した木材を近江の四木《よつぎ》（滋賀県坂田郡近江町大字世継《よつぎ》）と醒井《さめがい》（滋賀県米原《まいばら》市）を経由して運搬している。琵琶湖かあるいは陸路を使っているのだろうが、一部は美濃から海路で紀伊半島を経由して和泉国《いずみのくに》堺まで運んでいる。幕府政所執事の伊勢貞宗が近江守護の六角高頼《ろっかくたかより》に送った、文明十四年（一四八二）九月二十六日付けの催促状に、「濃州より送られ先規に堺に送着せられ候は、片時も打ち置かず、即ち運送候の様」と述べられている（『蜷川家文書［二］』）。

文明十五年十二月十七日と同月二十一日付け「美濃国残留材木注文案」では、義政の命令で美濃の山から切り出して、同国の鵜沼《うぬま》（岐阜県各務原《かかみがはら》市）と墨俣《すのまた》（岐阜県安八《あんぱち》郡墨俣町）で製材することになっている材木について、「とうりやう（棟梁）三郎右衛門」という人物に規格と本数が報告されている（『蜷川家文書［二］』）。

鵜沼では「方八　参拾六本、方七　弐拾三本、方六　拾参本、五六　弐百八拾七丁、柾《まさ》百五拾弐丁」、墨俣では「五六　百弐拾五丁、柾　参拾五丁」が製材されている。方八というのは八寸（一寸は約三センチ）角の材で、五六は断面の縦横寸法が五寸と六寸の材、柾は縦にまっすぐ木目の通った材を意味している。文明十六年十月十六日以前に超然亭《ちようねんてい》、文明十七年四月十日に西指庵《さいしあん》が竣工していることからすると、数量的に見てこれらを合わせた分だと考えられる。これらの建物の棟梁が三郎右衛門ということになるのだろう。

文明十六年九月付け「美濃材木途次滞留注文案」は、美濃から運んだ木材を「御持仏《じぶつ》堂《どう》・壇上御亭御用木」にすることを通知している。宛先は近江の四木・醒井と美濃の表佐《おさ》（岐阜県不破郡垂井町《ふわぐんたるいちよう》）・墨俣の材木置き場になっている。文明十八年六月頃までに完成した東求堂は、工事中は「持仏堂」と呼ばれていたことがわかる。文中の「壇上御亭」というのは、文明十八年十二月三日に着工した会所《かいしよ》が、基壇の上に建つことになっていたので、そのように呼んだのだろう。「番匠左衛門四郎注進」となっているから、東求堂《とうぐどう》・会所の棟梁は左衛門四郎だったことになる。

醒井で製材した分としては、「方八　参拾六丁、方七　弐拾三本、方六　拾三本、五六百弐丁、柾　十七丁、三間冠木《かぶき》　壱本、平冠木　弐本」が挙げられているが、方八・方七・方六の本数はなぜか先の鵜沼の場合と同一になっている。冠木は普通には門柱の上部を貫く横に渡した材を意味しているが、長さからするとおそらく会所で使ったものだろう。

東求堂の『修理工事報告書』によると、柱は三寸八分角のものが使われている。これらの製材所で予定寸法に合わせて荒削りすることによって、重量を軽くして京都に運搬したと考えられる。

作業人夫の調達

東山山荘の造営作業に従事した人夫についても、すでに詳しく調べられているので（黒川、前掲論文）、簡略化して述べることにしたい。

『西園寺《さいおんじ》家記録』（『大日本八―十四』）によると、文明十四年（一四八二）一月二十九日に、普請《ふしん》のための人夫を出すことが西園寺家など諸家の所領に課されているのが、最も早い例とされている。造営公表よりも早く、人夫の手配がされていたことになる。

山荘造営を公表した後の二月十日には、東寺に「地形御普請の事」のための人夫提供が要求されている（『東寺百合文書［ね］』［『足利義政とその時代』］）。『大乗院寺社雑事記』の二月十一日条に「地引人夫等は山城国大庄ども知行の面々に仰せ付けらる」とあるから、造成工事の際には山城国の大荘園の所有者に、造成工事の人夫を供出することを命じていたことになる。

『西園寺家記録』によると西園寺家の人夫は、青蓮《しょうれん》院・聖護《しょうご》院・山科《やましな》家からの人夫とともに、二月二十二日から三月二十一日まで工事に従事している。近衛《このえ》政家は同年八月四日までに宇治五ヶ庄の荘園から人夫として延べ九十人を提供し、さらに八月二十八日までに下柱の人夫百三十人と河原者十人を出している（『後法興院記《ごほうこういんき》』）。東寺は三月四日に四人、十二日に一人を提供している（『東寺百合文書［ひ］』『大日本八―十四』）。この後には人夫供出の記事が見えないことや、七月二十四日に門の立柱が行なわれ、八月十九日に台所等が上棟し、御殿一棟が竣工していることからすると、七月初旬までに造成工事は完了し、建築資材の運び込みも一応終わったということなのだろう。

翌文明十五年になると工事量は増加したらしく、東寺は六月五日に二十六人を所領の荘園から人夫として出している（『東寺百合文書［ひ］』）。十六年十二月から十七年四月にかけては、三条西家と西園寺家が人夫の提供を課せられている。十七年二月十六日から十八日にかけての鎮守《ちんじゅ》築造の際には、三日間で両家合わせて百十人を投入している（『実隆公《さねたか》記』）。文明十八年には、東寺の「五方算用状」によれば、三月から十一月まで各月二日から三日間、一日につき人夫一人を東山山荘の造営工事に派遣して、手間賃として十文を支払っている（『教王護国寺文書［六］』）。

文明十六年十月には山頂の超然亭がすでに完成し、翌十七年四月に西指庵が竣工していることからすると、十五年の夏に山腹の造成工事が行なわれたということだろうか。十六・十七年は超然亭と西指庵建造のためだったので、人数は少なくてすんだのだろう。十八年六月に東求堂が完成していることや、十二月に会所の建造が開始されていることからすると、十七年から十八年にかけては、東求堂周辺の造成工事や園池掘削《えんちくっさく》をしていたのではないだろうか。東寺からの人夫だけではとても足りないだろうから、各寺院に同様の派遣要請が行なわれていたと考えられる。

長享《ちょうきょう》元年（一四八七）五月四日に松田数秀が祇園社に、東山山荘の普請のことを祇園大路の地下人《じげにん》等に知らせるように命じているので、祇園社も作業人夫を出していたことになる（『祇園《ぎおん》社記〔雑纂二〕』）。十一月十四日には、伊勢貞宗が室町殿から三百人ほどで石を引いた際に、作業していた男が修羅《しゅら》で圧死する事件が起きている（『蔭涼《いんりょう》』）。十一月四日に会所が落成していることからすると、そのための庭園工事だろうか。

長享二年二月には七・九・十一日に山科七郷から七人ずつ、十四日に三人が東山山荘の造営のために出向いている（『山科家礼記《らいき》』）。また、『実隆公記』の長享二年九月二十七日条には、「雑掌を東山殿に進む〔昨日の所に召さるなり〕、御庭普請の事なり」とある。三条西実隆は下男たちを東山山荘の庭園工事に、二日続けて派遣していたことになる。十一月十六日条には、今日東山殿の普請、当国小所を以って人足の沙汰す。人足十余人、庭者一人を召し進む。［略］西園寺は三十八人催進すと云々。

と記されている。実隆は東山山荘の普請のために山城国内の荘園から人夫を出すことを強要され、西園寺家にも人夫提供が課せられていたことがわかる。「庭者」というのは単純労働をする人夫ではなく、おそらく作庭の能力を持った人間のことだろう。長享二年には園池の南岸で船小屋や亭橋の建造がされていたことからすると、庭園工事としては南岸以外の園池周辺の植栽工事が行なわれていたと考えられる。春・秋は主として植栽工事のために、人夫を必要としたのだろう。

樹木・庭石の収集

東山山荘の造営の際に、義政が収集した樹木と庭石をまとめると表2のようになる。近衛政家は幾度か樹木を献上しているが、『後法興院記』の文明十二年（一四八〇）九月七日条によると、日野富子から盆山に植えるマキを所望され、所領の信楽《しがらき》から十二から十五チセンほどの大きさのマキを進上しているのが始まりだった。

文明十七年二月十一日に政家は、

東山殿より御庭の槙高さ一丈の木二十本、信楽へ仰せ付け掘り進むべきの由、その命

表2　東山山荘のための庭石・樹木の徴発

年　代	造営内容	出　典
文明17年(1485) 2月11日	近衛政家に高さ1丈の信楽のマキ20本を命じる.	『後法興院記』
2月16日	近衛政家が信楽のマキ7本を進上する.	『後法興院記』
5月10日	宝聚軒が「紅瞿麦（ナデシコの一種)」数根を進上する.	『蔭凉』
文明18年(1486) 6月24日	東寺にハスを進上させる.	『東寺百合文書[ワ]』
7月2日	義政，鹿苑寺領の庭石10個を曳くように寺家に要求する.	『蔭凉』
9月12日	大乗院にヒノキ5本を進上させる.	『大乗院寺社雑事記』
長享元年(1487) 3月17日	長谷山のヒノキ6本を召し上げる.	『大乗院寺社雑事記』
6月28日	小川御所の石，室町殿跡の大石1個，仙洞御所跡の石4個を運び込む.	『大乗院寺社雑事記』
11月14日	室町殿園池の大石をシュラを使って伊勢守が300人で曳く.	『蔭凉』
長享2年(1488) 2月21・23日	朝倉衆が旧仙洞御所のマツを曳き移す.	『蔭凉』
10月15日	大乗院がマツ2本，ツバキ・ビャクシン各1本を進上する.	『大乗院寺社雑事記』
延徳元年(1489) 3月3日	室町殿跡のマツ2本を細川政元が4，5千人で曳き移す.	『実隆公記』
3月9日	大乗院がウメ1本を30人ほどで進上する.	『大乗院寺社雑事記』
9月16日	大乗院がマツを1本献上する.	『大乗院寺社雑事記』
10月20日	河原者を北野神社の庭のマツを見に遣わす.	『北野社家引付』

あり。明日河原彦三郎罷《まか》り下るべしと云々。掘り手二人家門より仰せ付け了《おわ》んぬ。百疋下行せしむ。

と書いている。今度は庭木として高さ三㍍の信楽のマキ二十本を、義政から献上するように命じられている。義政から派遣された河原者彦三郎が、近衛家から出された二人の人夫を使ってマキを掘り上げたことから、彦三郎に労賃として百疋《ぴき》を与えている。

しかし、高さ三㍍の樹木二十本を三人で掘ると、何日もかかることになる。換算すると百疋は千文になるので、一人に十文を与えたとすると、百人の河原者を使った計算になる。このほかにも多くの者たちがマキの運搬作業に従事したに違いない。義政から派遣されて来た河原者にまで、賃金を払わなければならなかったのだから、政家にとっては負担が大きい面倒なことだっただろう。

庭石について見ると、義政は鹿苑院《ろくおん》領・小川《こかわ》御所・室町殿・仙洞《せんとう》御所跡から東山山荘へ運び込んでいるが、小川御所・室町殿は自分で造営した庭園だから問題はない。しかし、文明十八年七月二日に鹿苑寺領の庭石十個を曳くように相国寺に要求した際には、寺側は「台聴《たいちょう》に達し御免《ごめん》あらば、寺家の大幸となす」と、義政が撤回してくれることを願っている（『蔭凉』）。何百人もの人を雇って、大石を曳《ひ》くことはかなりの負担だったからだろう。

東寺もたび重なる樹木・庭石の要求に対して拒否を行なうに至っている。「二十一口方評定引付」の文明十八年三月十八日条（『東寺百合文書［ワ］』［『大日本八―十四』］）に、

東山殿御庭の石木の事、細々（再々）東寺へ申すべからざるの由、河原者に堅く申し付くるの由、対馬守申すと云々。

とある。東山山荘の庭園のための庭石と樹木を再三要求されたことから、取りに来た河原者に対して東寺は拒絶している。東寺が幕府に抗議すると、幕府奉行人の松田対馬守数秀

は、「河原者が勝手に石や木を東寺に取りに行くのでやめるように言い付けておいた」と言い逃れをしている。

奈良興福寺の一条院も、義政からの要求を一度拒否している。『後法興院記』の長享三年（一四八九）二月二十四日条に、

> 先日東山殿の御庭のことに就き、南都諸坊中の庭樹の事、河原者を以って見らるるところ、一条院は庭を見せられずと云々。これにより東山殿もっての外《ほか》の腹立ち、西院《さいいんの》庄《しょう》を押さえらる。

と記されている。要求を拒否した一条院に対して、義政は京都の一条院所領の西院庄を押収したという。そのために一条院はいろいろと詫びごとを述べて、どうにか許されている。

樹木・庭石の略奪

第四代将軍義持も庭園から樹木・庭石を奪うことを、あまり気にかけていなかった。応永《おうえい》二十七年（一四二〇）四月二日には、伏見《ふしみ》の大光明寺退蔵庵の庭園を作るために伏見殿旧跡の庭石を取り去り、応永三十一年六月二十四日には、退蔵庵の園池の中島の釣殿《つりどの》・橋・マツ・庭石を撤去して、相国寺の常徳院に運び去っている（『看聞御記』）。また、義政の父親の第六代将軍義教《よしのり》も、永享《えいきょう》元年（一四二九）二月四日に三条坊門殿の造営のために、北山殿の庭石を運ぼうとして醍醐《だいご》寺門主の満《まん》

済准后《さいじゅごう》に諫められている（『満済准后日記』）。だが、義教は永享七年十一月七日には、南禅寺慶祥軒に河原者を派遣して庭前の樹木を召し上げている（『蔭凉』）。

略奪的に樹木を収集したのは将軍たちばかりではなかった。称光天皇（一四〇一—一四二八、在位一四一二—一四二八）は、応永三十一年十一月二十一日に内裏に園池をつくるために、伏見の寺院に植木を献上するように命じている。その時の天皇の言葉が「皇土《おうど》に孕《はら》まれ、誰か人惜しみ申すべけんや」だった（『看聞御記』十一月二十三日条）。退蔵庵・行蔵庵・静隠庵は承諾したが、大光明寺・蔵光庵は異議を申し立てて幕府に提訴したが、命令に従うようにという結論が出されている。

庭石・樹木を略奪するということは、当時の権力者ならば誰でもしていたということだろうか。京都では石が採れなかったわけではなく、北山・西山辺りや賀茂《かも》川・保津《ほづ》川では名石を収集することができた。郊外から運ぶことは大変だったことと、名石を入手したいとする気持ちが強かったのだろう。樹木も庭石と同様に山から採ってくることが可能だが、珍しいものや枝振りのよいものは入手が困難になる。献上してもらうことが一番楽だが、希望する樹木を入手できるとは限らないので、略奪ということになったのだろうか。

しかし、室町時代には樹木を販売する業者が出現している。『看聞御記』の永享九年

（一四三七）四月二十四日条に、「商人躑躅《つつじ》を持参す。西向に植う」と書かれている。京都の伏見宮（後崇光院《ごすこういん》）邸に植木屋がツツジを持ってきて植えたということだが、翌年四月十六日条にも同様の記載がある。嘉吉《かきつ》三年（一四四三）二月一日条には、

桜木は得難き間、千本に商買の木ありと云々。隆富朝臣《あそん》・重賢朝臣検知に罷《まか》り向う。八重桜数本あり。その中の一本を取る。但し遅桜なり。

と述べられている。京都の千本通りに樹木を販売する者が存在していたことになる。遅桜というヤエザクラの変種まで扱っているのだから、かなりの種類の樹木を販売していたのではないだろうか（飛田『日本庭園の植栽史』）。

五十年ほど後の『後法興院記』の文亀《ぶんき》元年（一五〇一）二月十九日条にも、「この亭の懸《かか》り（蹴鞠《けまり》用の樹木）の松を栽《う》う。千本より召し寄す」とあるから、義政の存命中も千本通りの植木屋は存続していたことになる。気に入った樹木を植木屋で購入できたはずだから、義政のわがままは度が過ぎたということになる。

庭石・樹木を略奪するという天皇や将軍の横暴さは、江戸時代には見られない。室町時代には将軍の横暴な振る舞いやわがままが、許容されていたような感じがする。将軍のわがままを抑えることができたのは、満済准后のような政治顧問の僧侶だけだった。室町時

代には朝廷・幕府ともに組織化が進んでいなかったことが、天皇・将軍の横暴を許したのではないだろうか。その分だけ彼らは人間らしく振舞うことができたように思う。

中世庭園とは何か

中世庭園の出現

足利義政《よしまさ》が生きたのはどのような時代だったのだろうか。東山《ひがしやま》山荘は西芳寺《さいほうじ》の影響を強く受けているが、他の庭園はどのような形態だったのかを知っておく必要がある。庭園施工の面では山水河原者《せんずいかわらもの》が活躍しているが、平安・鎌倉時代とはどのように違っていたのだろうか。将軍だった義政が河原者の善阿弥と親しくしていたのは、どのような理由からなのだろうか。義政が東山山荘を造営したことは、当時の社会にどのような影響を与えたのかも見てみたい。

義政と宗教

足利義政の行動を理解するために、まず宗教のことを見ておこう。文明《ぶんめい》十七年（一四八五）六月十五日に、義政は臨川寺三会院《りんせんじさんえいん》において得度《とくど》しているので、禅宗に帰依《きえ》したことになる。ところが、二日後の十七日と十月二十二日には、義政は小川殿《こかわどの》で猿楽《さるがく》を楽しんでいたりしていて、出家したという感じはしない（『長興宿禰記《ながおきすくねのき》』）。長享《ちょうきょう》二年（一四八八）三月九日に清涼寺の念仏会《ねんぶつえ》に参詣していることは（『久守記《ひさもりき》』）、浄土宗にも関心があったことになるので、義政の宗教心というものが問題になる。

義政が夢窓疎石《むそうそせき》を信奉し、西芳寺を模して東山山荘を造営した理由は、初代の足利尊氏《たかうじ》までさかのぼる。尊氏は後醍醐《ごだいご》天皇の霊を弔うために、暦応《りゃくおう》二年（一三三九）に天龍寺（当初の名称は暦応資聖禅寺《れきおうしせいぜんじ》）を建立《こんりゅう》して夢窓を開山にしている。だが、天龍寺が官寺となったために、尊氏は洛中に私寺として等持寺《とうじじ》を建立し、洛外に墓所として現在も残る等持院を建てている（臼井信義『足利義満』）。このことが、義政がしばしば等持院を訪れる理由になっている。また、尊氏は夢窓に帰依《きえ》したことから、いくどか西芳寺を訪れて夢窓の法話を聞いたりしている（『年譜』）。

三代将軍義満《よしみつ》も氏寺との関係から、夢窓の弟子だった春屋妙葩《しゅんおくみょうは》や義堂周信《ぎどうしゅうしん》のすすめで、永徳《えいとく》二年（一三八二）に室町殿の東隣に相国寺《しょうこくじ》を建立している（図29）。義政が相国寺を公務の間にしばしば訪れ、境内《けいだい》の美観維持について指示を与えたり、蔭凉軒《いんりょうけん》の庭園を改修したりしているのは（『蔭凉』）、義満時代からの因縁によっている。

図29　相国寺境内

尊氏・義詮《よしあきら》は禅僧から受衣したり、法名をもらったりしているが、出家はしていない。だが、義満は応永二年（一三九五）に室町殿で、夢窓疎石の影像を掲げて剃髪《ていはつ》を行なっている（臼井、前掲書）。こうしたことが、夢窓疎石が精神的に義政の憧れの人物となり、三会院で得度したことにつながっていく。

ところが、義政は東山山荘では文明十七年十月二十四日に、東求堂の本尊《ほんぞん》として阿弥陀《あみだ》像を安置することを決定し、十二月八日には堂の前に園池を設けて、極楽浄土の世界を表現しようとしている。こうした浄土宗にも関心を示している義政の行為を見ると、禅宗だけを信じていたようには思えない。宗教に救いを求めていたようだが、徹底した宗教上の修行をしていた様子もない。

一条兼良は『樵談治要《しょうだんちよう》』の中で、

浄土と禅との二の宗は、とりより所のたやすきにや侍らん、当世の人の此二の門にこゝろざさざるはすくなかるべし。

と語っている。義政が浄土宗や禅宗を学ぼうとしたのは、当時としては一般的な信仰の仕方で、宗教的な意味よりは教養的な意味を持っていたらしい（林屋辰三郎『古代中世の社会文化史』）。

『蔭涼』延徳二年（一四九〇）二月十九日条によると、義政は西指庵《さいしあん》に遺骨を安置するようにと遺言している。義政が東山山荘の造営に執念を燃やしたのは、生きている限りは理想的な山荘を創出し、死後はそこを寺院にして永遠の眠りにつきたいと思ったからだろう。将軍という世俗的な地位には満足できなかった義政にとって、建築と庭園だけが自分の本当の力量を示せることだと気付いたことが、宗教以上の救いだったのではないだろうか。

義政が見た庭園は『蔭涼』などによれば、常在光寺、二条殿、相国寺の蔭涼軒・春輝軒・連輝軒・鹿苑院・雲頂院、南禅寺の南禅院、鹿苑寺、等持寺、天龍寺、妙蓮寺、禅仏寺、香厳院、速成就院、勧修寺、法金剛院、滋賀の大興寺などがある。

義政が見た寺院庭園

現在の知恩院の一角に位置していた常在光寺は、足利氏とは関わりの深い寺院だった。足利尊氏はここで百韻連歌《ひゃくいんれんが》を催し（『菟玖波集《つくばしゅう》［十六］』）、応永十四年（一四〇七）十月二十日には義満が明からの使者と紅葉を見たりしている（『教言《のりとき》卿記』）。永享三年（一四三一）十月十九日には義教が見物し、以後毎年のように紅葉やサクラを楽しんでいる（『満済准后日記』）。

義政も花見によく常在光寺を訪れている。長禄元年（一四五七）三月十七日に義政が訪れた時のことが、『臥雲日件録抜尤《がうんにっけんろくばつゆう》』に次のように書かれている。

> 常在光寺に赴《おもむ》き、府君（義政）点心《てんじん》（食事）・伴筵《ばんえん》（宴会）す。府君前の岡の樹王亭に登る。［略］橋上の閣を楓橋《ふうきょう》と扁《へん》し、北亭は雲羨《うんせん》と曰《い》う。［略］亭下桜花両三株、なかんずく一株は、俗に墨染桜と曰う。人伝うに西行法師栽える所なり。

岡の上には樹王亭があり、ここからは谷に架かった楓橋という亭を持つ橋や、雲羨という北側の亭が眺められたという。樹王亭の下にはサクラが二、三株あり、一本は西行法師《さいぎょうほうし》が植えたという墨染桜だった。楓橋という亭橋が架けられ、眺望がよい岡の上には樹王・雲羨などの亭が設けられていた。夢窓の「常在光院に題す」という詩に「山巒《さんらん》（山々）の水石奇珍を献じ」とあるから、岡には珍らしい石が据《す》えられていたらしい（『夢窓国師語録［下一］』）。

常在光寺に園池が存在したかどうかは不明だが、起伏に富んだ地形を利用して橋を架けたり、亭を設けたりしている点は西芳寺に近い。平安時代後期に橘　俊綱《たちばなのとしつな》が伏見殿の眺望のよさを誇ったのを始めとして（『今鏡《いまかがみ》［四］』）、鎌倉時代には西園寺公経《さいおんじきんつね》によって北山に西園寺殿（北山殿）が地形の起伏を利用して造営されている。夢窓が作った西芳寺の庭園が人びとを魅了したのは、眺望を楽しみたいとする当時の人びとの潜在的な要望を、時代に先駆けて具体的な形で実現していたからではないだろうか。

義政が見た貴族邸宅の庭園

寺院の庭園だけでなく、貴族邸宅の庭園も義政は訪れている。押小路烏丸《おしこうじからすま》に存在した押小路殿とも呼ばれた二条殿は、鎌倉時代に後鳥羽上皇が造営したもので、南北朝時代に二条良基（一三二〇―一三八八）が再興して名園として名高かった。義政は寛正元年（一四六〇）四月十日にここを訪れて連歌の会を催している。「義政将軍記付録［七］」（『後鑑《のちかがみ》』）の義政の歌に、「夏やとき一木のはなやおそざくら」とあり、「遅桜」が植わっていたことがわかる。

二条殿の庭園の詳しいことは、良基の『おもひのまゝの日記』に、

山のすがた、水の心ばへいとおもしろし。東《ひんがし》にたかき松山あり。山のふもとよりわきいづる水のながれ、松のひゞきをそへていとすゞし。水のうへに二かいをつくりかけたれば、やがて座（庭の誤りか）の中を流れ行《ゆく》石間の水、さながらそで（袖）うつばかりなり。

と書かれている。築山と流れがすばらしかったのだろう。東側のマツが数多く植えられ築山の麓《ふもと》から流れ出た水は、突き出した二階から手が届きそうに見えたらしい。

ながれの末の池のすがた、入江々々にしまじまのたゝずまゐ、いとおもしろく、西のながれのすゑに山を隔て五尺ばかりの滝落たり。滝のうへにつくりかけたる二かいのさまなど山里めきていとおかしう見ゆ。

西方の流れの末に設けられた滝の傍らには、山里的な二階屋が建っていたというから、かなり風情がある庭園だったのだろう。

『空華日用工夫略集《くうげにちようくふう》』によれば、康暦《こうりやく》二年（一三八〇）八月八日に訪れた義堂周信は、

「西門より入る。泉園・池亭の水石を巡視す。その美言うに勝さるべからず」と記している。園池は竜躍池《りゅうやくち》と言い、御椙閣《ごとうかく》・洗暑亭・聴松亭・蔵春閣・緑楊橋・政平水・観魚台・古霊泉・水明楼・梅香軒などがあったと、義堂はしている。二階建ての建物や亭が西芳寺や将軍邸だけでなく、寺院や貴族邸宅内にも存在していたことからすると、当時の流行だったといえるだろう。

鎌倉時代の「建長寺指図」(元弘《げんこう》元年［一三三一］)には、園池に接して得月楼という楼が建てられているように、楼閣建築も夢窓に始まるものではなかった。楼閣建築は二条殿にも存在するというように、寺院だけではなく貴族邸宅にも建てられてかなり一般化している。東山山荘は西芳寺と鹿苑寺の影響だけから造営されたのではなく、大きな時代の潮流の中で誕生したと見るべきだろう。

『作庭記』の影響

外山英策は『室町時代庭園史』の冒頭で、平安時代の作庭技法を集めた『作庭記《さくていき》』を、室町時代に書かれた偽書だと述べている。一条兼良(一四〇二―一四八一)の編纂とされる『尺素往来《せきそおうらい》』の内容と酷似したところがあるのが、疑わしい理由の一つとされている。

『尺素往来』は、南北朝時代に素眼という人物がまとめた『新札往来』を増補改訂したもので、日常生活に必要な語句を手紙風に書いた百科辞典のような内容になっている。作庭については、たとえば次のような箇所がある。

　仮山水は海の様、河の様、池の様、泉の様、遣水の様、岩井の様、細谷川の様、枯山《ふるせん》水《すい》の様、山形、野形、洲浜形、葦手形等。

これに対応する『作庭記』の箇所は、

　石をたつるにはやうやう（様々）あるべし。

　大海のやう、大河のやう、山河のやう、沼池のやう、葦手のやう等なり。

となっている。『尺素往来』ではかなり付け加わっているが、基本的な部分は一緒のことがわかる。百科辞典的な本というものは一般常識を提供するものだから、『尺素往来』に記載されていることは、当時よく見られていた事物と考えられる。つまり室町時代には、平安時代の『作庭記』の記載に類似した庭園がつくられていたことになる。

また、『御伽草子《おときぞうし》』の室町時代の作とされる「物くさ太郎」の話には、

　四面四町に築地《ついじ》をつき、三方に門を立て、東西南北に池を堀（掘り）、島をつき、松杉を植へ、島より陸地《ろくじ》へそり橋をかけ高欄に擬宝珠《ぎぼうし》をみがき、まことに結構世にこえたり。

と書かれている。この邸宅は平安時代の貴族の大邸宅のような規模を持っていて、庭園は藤原頼通《よりみち》の高陽院《かやのいん》のように寝殿の四方に池を掘り、中島を築くというものだった。島から対岸に反《そ》り橋を架けるというのは浄土式庭園の形式だが、室町時代の亭橋を想像させる。

このように室町時代に理想とされた庭園像は、形態的には平安・鎌倉時代のいわゆる「寝殿造庭園」に近いものだったから、義政は寝殿造庭園的な西芳寺を模倣することに、違和感はなかったのだろう。

枯山水の出現

だが一方で、義政は室町時代から始まった「枯山水」の庭園を、相国寺蔭の睡隠軒《すいいんけん》で見ている。『蔭凉』文正《ぶんしょう》元年（一四六六）三月十六日条に、その感想を季瓊真蘂《きけいしんずい》は、

前夕に睡隠に往き、小岳を築くを見る。善阿築く所にして、その遠近の峯磵《ほうかん》はもっとも奇絶をなすなり。これに対すに飽きず、忽然《こつぜん》として帰路を忘るなり。

と書いている。この庭園は善阿弥がつくったもので、いくつかの小山が築かれていたらしいが、石を使わないで土だけでは、「帰路を忘る」ほどの緊張感は出せなかっただろう。小岳を築いただけだから、この庭園には水を使った流れや園池はつくられていなかった可能性が高いので、枯山水だったことになる。

『作庭記』の「枯山水」というものは山裾に石組を置く程度のものだったが、室町時代初期にはすでに今日の「枯山水」に近いものが出現している。中国（元《げん》）に渡って修行をした後に、建仁寺《けんにんじ》の住職になった別源円旨《べつげんえんし》（一二九四―一三六四）は、『東帰集』の中の詩に、

　庵に居し故なく適《ゆ》きて（行き）、窓前の隙地《げきち》（空き地）に於いて、石を聚《あつ》め土を積みて、畳巌《じょうがん》・層崖・遠嶼《えんしょ》（遠い島）・孤洲（中州）の状を擬して、［略］

という序を書いている。土と石だけで山や崖、島や中州を築いていたというのだから、形態的には山岳と河川を表現した枯山水形式の庭園だったことになる（外村中《あたる》「日韓の假山趣味」）。

　貞和《じょうわ》二年（一三四六）二月に雪村友梅《せっそんゆうばい》が、臥竜庵の独照禅師の庭園を見て作った詩序（『宝覚真空禅師録』）には、「方庭の際に於いて、山を築き沼を開く。拳石寸林の趣き千里を成す」と書かれている（外山、前掲書）。小石や低木群は広大な風景の趣があったようだが、ここでは池が掘られている。園池がある庭園も小面積の場合は石組で大自然を表現しようとして、築山に石組を施すことが増えていったのだろう。室町時代後期には石を組み合わせて山岳を表現することは、一層巧みになっていたに違いない。

枯山水は河川や海洋を表現しようとしたことよりも、山岳の風景をつくることから発生して進展していったと考えられるわけだが、将軍邸は大規模な庭園築造が可能だったことから、義政は園池を設けて護岸に石を大胆に組んでいったのではないだろうか。『鹿苑日録《ろくおんにちろく》』の延徳元年（一四八九）六月五日条に、善阿弥について「山を為《な》し樹を植え石を排（配）すは、天下第一という」と記されている。その善阿弥を高く義政は評価していたのだから、平安時代のように汀《なぎさ》に小石を敷き並べて要所に石組を施すだけでは、義政は満足しなかっただろう。義政が西芳寺の洪隠山《こういんざん》石組を見た記録がなく、東山山荘には洪隠山石組に対応するような造形意識が明確な石組が存在しないことは、やはり奇妙に思える。

庭園をつくった人びと

義政が信じた禁忌

足利義政《よしまさ》も中世の一般の人びとと同様に、日時・方位・行為・言葉などで差《さ》し障《さわ》りがあるとする禁忌《きんき》を信じていた。当時、禁忌は庭園についても言われていた。『蔭涼《いんりょう》』によると文正《ぶんしょう》元年（一四六六）四月十四日に、相国《しょうこく》寺《じ》の雲頂院の御所の間に一株のウメが植えてあるのを義政が見て、「およそ方庭に一木を植えるは必ず忌むなり。所以《ゆえん》は何ぞや、これ困窮の困の字なり」と得意げに言い、さらにウメを一、二本植え添えるように指示している。

平安時代の作庭《さくてい》技法をまとめた『作庭記』にも「方円の中木《なかの》は、困の字なるゆへ」とある禁忌事項が、そのまま室町時代にも言われていたことを、義政自身が示している。室町時代には作庭する場合、どのような禁忌が問題となっていたのかを見てみよう。

『鹿苑日録』によれば、延徳《えんとく》元年（一四八九）五月二十日に相国寺鹿苑院の住職景徐《けいじよ》周麟《しゆうりん》は、箒《ほうき》二本と上履き一対を届けに来た河原者に百銭を与えた後に、庭にひざまずいた河原者と作庭について話を交わしている。

方島（四角い形の島）中に一木を栽《う》えれば則ち困の字なり。然りといえども必ずしも拘《こだわ》らず。

と、河原者は禁忌に拘る必要はないと述べた上で、ある邸宅の庭園に木を一本植えたところ、居合わせた僧侶に問いただされたので次のように答えたとしている。

主は女なり、女は陰なり。栽える所の木は桜なり。桜は花をもって号す、桜は春の物すなわち陽なり。陰陽《いんよう》相対してもっとも可なり。

主人が女性なので陰だが、サクラが陽だから、陰陽調和した好ましい状態といえるので、「困」の字になっても構わないとしている。この機転の利く河原者は、善阿弥の孫の又四郎だったのではないだろうか。

同年六月五日の晩に鹿苑院を訪れた又四郎はマツを剪定《せんてい》した後に、懐中から一冊の書物を取り出して景徐周麟に、「樹を植え石を排（配）すに吉凶を択《えら》び月日を選ぶの書なり。

末に一段あり、文字読み難し」と言って、注を付けることを依頼した後に、体験話を始める。

昔、実相（三井寺《みいでら》）の教師の庭前に山をなし石を差し、未申《ひつじさる》（南西）より瀑《たき》の水を出し、東に向けて下す。門主曰く、およそ山水皆丑寅《うしとら》（北東）より流し下す、この様は可ならざるか。

と言う門主に対して、「仏法東漸《とうぜん》（次第に東方に進み移る）の義なり」と又四郎が答えたので、門主は納得したという。『作庭記』にも遣水《やりみず》の項に、「諸水の東へながれたる事は、仏法東漸の相をあらはせるとか」とあるから、又四郎は『作庭記』を読んでいたと考えられる。

南禅寺の塔頭《たっちゅう》で庭にウメを植えた時のことも、又四郎は述べている。長老（蘭坡景茝《らんぱけいしん》）が、「澍《じゅ》（潤す）の寒露法雨は、煩悩の焔《ほのお》を滅除す」と書いたものを根の下に埋めれば、枯れないと言って僧に書かせた。それを又四郎が見ると、「澍」という字が三水ではなく、木偏になっていたので問いただしたところ、長老は河原者でも学識のある人間がいると感心したという。

室町時代は平安時代と同様に、根拠もないような禁忌事項が信じられている時代だった。

庭作りを専門としていた河原者も禁忌を信じていたようだが、時に応じて機転をきかせて現実的な対応をしていた又四郎のような賢明な人間もいたことがわかる。

陰陽家の活躍

義政が烏丸殿《からすまるどの》を改修した際も、禁忌は影響を及ぼしている。陰陽家《おんみょうけ》・暦学者《れきがくしゃ》だった賀茂在盛《かもありもり》（一四七九年没）の『在盛卿記』によれば、長禄《ちょうろく》二年（一四五八）閏正月二十九日に、庭園の係りだった結城勘解由左衛門《ゆうきかげゆざえもん》に、「王相方《おうそう》の障《さわ》りと不障の条の事」として、次のことを書き送っている。

一　畳の御庭のみ、石の事苦しからざるや。

一　御庭御造り畢《おわ》り、以後に小石を一両ケ改め立てらるべき事、修理すといえども障りなしか。

一　草花・緑竹を植えらるべき事、その障りなし。

一　およそ新たに造りて土を犯し大石等を立てらるは、皆障せらるべきなり。

「王相方の障り」というのは「月塞《ふさ》がり」のことで、一・五・九月は北方、二・六・十月は東方、三・七・十一月は南方、四・八・十二月は西方が良くないとして、その方角の移転・建築などを避ける考え方だった（新村出編『広辞苑』）。義政はこの年の二月二十四日に、烏丸殿で馬場殿を造営し、泉殿・持仏堂などの建造も始めているから、それに関わることだったのだろう。石組・植栽の工事は補修する場合も、良い日時を選んで行なっていたことがわかる。

また、同年二月二十四日には立石の不審なことについて、義政が千秋刑《せんしゅうぎょう》部《ぶ》を通して尋ねているのも、やはり烏丸殿の作庭に関わることと考えられる。

御庭の立石の事、入根の事は、三尺に到らざれば、王相方を為すといえども、その憚《はばか》りなしや。

立石は深く埋め込む方が安定するが、地中に九十センチも埋めると祟《たた》りがあるとされていたらしく、それ以下なら王相方であっても問題がないだろうと在盛は答えている。

十二月一日には、照平政藤から上御所（室町殿）の池園の井戸を埋め立てるのに、今日・明日の間でいつが良いのかを聞いて来たのに対して、在盛は「今日朔《ついたち》は己午《つちのとうま》、二日は卯《う》辰《たつ》午時《うまどき》」が吉だとし、「土用（立春前の十八日間）以前」に埋め立てが完了するように助言している。井戸を埋め立てることは祟りがあるとされていたので、在盛は吉日を選んで教えているわけだが、当時の人びとは禁忌を犯すことを恐れていたことがよくわかる。義政が生きていた室町時代は、このように迷信に支配されていた時代だった。

山水《せんずい》河原者の善阿弥が病気になった時には、義政は心配して薬を贈るほどだった。なぜ善阿弥は義政に信頼されるようになったのだろうか。作庭の専門家として河原者たちが活躍するようになった理由を探ってみたい。

石立僧の活躍時期

河原者が活躍するようになる前には任庵主《にんあんしゅ》が活躍しているが、その姓名はわからない（外山、前掲書）。『満済准后日記』によれば、永享《えいきょう》二年（一四三〇）三月十七日に将軍義教《よしのり》が醍醐《だいご》の花見に訪れることになったことから、三月四日から満済准后《まんさいじゅごう》の命で、任庵主は醍醐寺金剛輪院の庭園をつくっている。翌三年十二月七日に満済は義教に招かれて、室町殿で任庵主の指示に従って、畠山・赤松の者たちが大石を立てるのを見物している。任庵主が嵯峨《さが》の鹿王院の庭園もつくっていることは、長 享《ちょうきょう》元年（一四八七）八月十三日に義政が亀泉集証から、「この石は任庵主立つ」という説明を受けていることからわかる（『蔭凉』）。

平安時代前・中期には、絵師の巨勢金岡《こせのかなおか》と曾孫《ひまご》の巨勢弘高が有名だったが（『拾芥抄《しゅうがいしょう》』『作庭記』）、後期になると、法金剛院の滝を大治五年（一一三〇）に琳賢《りんけん》法師が築き、長承二年（一一三三）に徳大寺法眼《ほうげん》浄意がさらに高くしているというように（『長 秋記《ちょうしゅうき》』）、作庭者は絵師から僧侶へと代わっている。鎌倉時代も僧侶が活躍していて、建久三年（一一九二）に鎌倉の永福寺《ようふくじ》の庭園を静玄がつくり（『吾妻鏡《あずまかがみ》』）、京都の浄瑠璃寺《じょうるりじ》の庭園を元久二年（一二〇五）に小納言法眼が改修している（『浄瑠璃寺流記事《るきじ》』）。『仲資王記《なかすけおうき》』の元久《げんきゅう》元年（一二〇四）六月九日部分の裏書には、「仁和寺《にんなじ》の石立僧《いしだてそう》を招きて石を立て、兼ねてまた水を遣《や》り了《おわ》んぬ」とあるので、庭園をつくる僧侶は「石立僧」と呼ばれていたことがわかる（飛田『「作庭記」からみた造園』）。こうした石立僧の最後が任庵主だった。夢窓疎石《むそうそせき》は石立僧かという疑問がわくが、夢窓の場合は地位が高く趣味的に作庭しているので、石立僧に入れるべきではないように思う。

河原者と散所者

庭園では山水河原者と呼ばれる者たちが、活躍するようになったのが室町時代の特色になっている。河原者の歴史について、盛田嘉徳《よしのり》は次のように述べている（『中世賤民と雑芸能の研究』）。山城《やましろ》国の河原を農民が葬送・放牧に使用することが許されていたのだが、九世紀にはこれらの河原を無断で占拠・耕作する者が出現したという。当初は大量の水と広い干し場を必要とする皮なめし職人、埋葬人夫や渡し守などが河原に住み始めたと考えられている。

河原の住人たちは平安末期から鎌倉初期にはたんなる職業集団ではなく、一つの社会的身分の集団と見なされるようになったらしい。「キヨメ」（清掃人夫）という日雇的な労働に河原者の多くが従事していたが、その延長なのか井戸掘り、石組み、屋根葺き、壁塗り、かまど塗り、産穢《さんえ》納蔵、犬追物、寺院や武家の行事雑役、雑兵《ぞうひょう》などの雑多な仕事を行なうようになっていった。

こうした河原者と散所者《さんじょもの》と呼ばれる集団は、発生的には相違があった。平安末期から権《けん》門《もん》寺社の支配する土地に流浪難民が多く流入し、雑業者地域となるに従って卑賤視が強くなり、中世には身分的には賤民と見られるようになったのが散所者とされている。

庭園に限って見れば、『為房卿記』の康和《こうわ》五年（一一〇三）八月十二日条には、散所者が庭掃きとして鳥羽殿に百二人、法勝寺に四十二人、尊勝寺に三十人が働いていることが記されている。また、『中右記《ちゅうゆうき》』の元永《げんえい》二年（一一一九）四月三十日条と五月十二日条によれば、検非違使《けびいし》別当で白河院近臣だった源能俊が、山科散所を白河新御所の「庭払い（庭掃き）」として寄進している。かなり早くから散所者が庭掃きを行なっていたようだが、まだ作庭とは結びついていない。『賢俊僧正《けんじゅんそうじょう》日記』の貞治《じょうじ》二年（一三六三）三月九日条によれば、醍醐寺の散所の西惣門法師原《ほうしばら》の十六人が、庭園工事に従事するようになっている（丹生谷哲一「非人・河原者・散所」）。

河原者については、『看聞御記《かんもんぎょき》』の応永《おうえい》三十一年（一四二四）十一月二十一日条に、禁裏《きんり》の庭園に植える樹木を探すために、「河原者三人検知のため召し下さる」とあるのが、作庭関係の初見になるのだろうか。石組の技術を早くから河原者は持っていたらしく、『看聞御記』によると永享二年（一四三〇）閏十一月十八日に、伏見殿の南庭園池の竜頭石を河原者が立てている。割注に「河原物は仙洞《せんとう》の御庭物なり」とあるので、仙洞御所に所属する河原者が存在していたことがわかる。

作庭を専門とする河原者という意味の「山水河原者」という言葉の初見は、『大乗院寺社雑事記』の文明十年（一四七八）十一月十五日条になる。「庭仕河原者」という言葉はこれよりも早く、『経覚私要鈔《きょうがくしようしょう》』の文明四年六月八日条に見られる（吉永義信「山水河原者」）。この頃から作庭は河原者が、専門に行なうようになったのだろう。しかし、河原者が作庭以外のさまざまな業種に従事していることからすると、河原者の中でも作庭に従事するものは、その一部に過ぎなかったと考えられる。

虎菊という山水河原者

初期の山水河原者としては、虎菊がいる。『看聞御記』によると、永享五年（一四三三）十月十九日に「庭者甬《とら》」が庭のマツの手入れに来て、黒田の者がウメの枝を運搬中に折ったとして、将軍義教に切腹を命じられたことの恐怖を語っている。永享八年二月二十一日条に、早旦厈菊《とらぎく》［御庭者］参りて、御庭拝見すべくの由を申す。公方の仰せにより参ると云々。

と記されているように、行庵主が改修した伏見宮貞成《さだふさ》の伏見殿の庭園を、義教は厈菊に参考に見させている。十一年十一月十四日には、蔭涼軒庭園の植栽を虎菊に命じていることからすると（『蔭涼』）、厈・厈菊・虎菊は同一人物なのだろう。

一休宗純《いっきゅうそうじゅん》（一三九四—一四八一）の『自戒集』に、「化者《けしゃ》（教化者）の養叟《ようそう》は［略］四条河原に新たに号（道場）を開き、虎菊門下に官銭を送る」「虎菊は風流山水《せんずい》の手（妙手）」と述べられているほど、虎菊は有名な作庭家になっている（平野宗浄監『一休和尚全集［三］』）。将軍義教に気に入られていたことから、名高くなったのだろう。

それにしても養叟が四条河原に道場を開くのに、官位に昇るために差し出す「官銭」をなぜ支払うのだろうか。河原者を教化するために虎菊に取り入ったという意味ではないとすれば、四条河原の管理の権限を虎菊が持っていたということではないだろうか。

『蔭涼』寛正《かんしょう》二年（一四六二）四月十八日条には、

善阿弥、来《きた》る二十二日の天龍寺の渡月橋に於ける施食《せじき》（施餓鬼《せがき》）領取の事によりて、庭掃、河原者と争論す。

と述べられている。これは天龍寺が貧しい者に食事を施すのを取り仕切る役目を、善阿弥が散所者の庭掃きたちと奪い合ったということを意味している。渡月橋での行事を取り仕切る権限を、河原者の代表だった善阿弥が獲得したということから、四条河原に居住する貧窮者を管理する権限を、虎菊が得ていた可能性が考えられる。

虎菊は善阿弥か

虎菊については善阿弥の壮年期の呼称とする説が、すでに出されている（森蘊《おさむ》「善阿弥初期の作庭」）。「善阿弥」という呼称は、『蔭凉』長禄二年（一四五八）二月二十四日条が初出になっているが、蔭凉軒に樹木を植えるために「善阿、尊命（義政の命令）を承りて来るなり」と記されているので、すでに義政の信頼を得ているという感じが強い。

阿弥号は東大寺再建を行なった俊乗坊重源《ちょうげん》（一一二一―一二〇六）が、門弟に授与した法名に由来するものだが、その流れの影響を受けた一遍《いっぺん》が踊念仏《おどりねんぶつ》によって在家《ざいけ》信徒を獲得し、時衆《じしゅう》名として阿弥号を与えたことから広まったものだった。しかし、阿弥号は一遍だけでなく源空《げんくう》・親鸞《しんらん》の教団にも見られるという（林屋、前掲書）。

『大乗院寺社雑事記』の文明十四年（一四八二）十月十一日条に「河原善阿ミ去月入滅すと云々〔百余歳か〕」とあるが、『蔭凉』長享二年（一四八八）五月一日条に、蔭凉軒のマツの古葉取りを「寅菊」にさせたとあるので、死亡したというのは誤伝と考えられる。しかも『鹿苑日録』の延徳元年（一四八九）六月五日条には、

又四郎よって善阿の嫡孫なり。善阿の年九十七歳。甲子は勝定公（将軍義持《よしもち》）に同じにして生まれ、歳は寅に逢うものなり

と記されているので、この時まで善阿弥は生きていたように見える。だが、逆算すると善阿弥の生年は明徳《めいとく》四年（一三九三）ということになり、足利義持の生年の至徳《しとく》三年（一三八六）と合わなくなる（外山、前掲書）。

合理的に解釈するならば、善阿弥が没した年齢を聞いて、九十七歳と書き留めていたと仮定すると、生年を足利義持と同じとして計算すれば没年は文明十四年となって、先の『大乗院寺社雑事記』の記載と合致する。『蔭凉』長享二年五月一日条に「寅菊」とあることからすると、虎菊と善阿弥は別人ということになってしまう。

それにしても、一休宗純に「山水の手」と呼ばれた虎菊と、『蔭凉』寛正二年（一四六一）十二月八日条に「泉石の妙手」と書かれている善阿弥が、同時代に同集団の中で並び立つことがあるだろうか。虎菊が時宗の宗徒だったことから、阿弥号として善阿弥を名乗るようになり、父義教の代から作庭に関わってきたことで、義政と信頼関係で結ばれてい

たと考えるのが、妥当なのではないだろうか。

善阿弥と義政

『蔭涼』寛正元年（一四六〇）六月二十二日条に、「善阿弥違例に就き、薬を煎与《せんよ》すべきの由、春阿弥を以って仰せ出らるなり」とあるように、高齢の善阿弥の病気を心配して薬を送り届けているのは、親子二代にわたる付き合いということならば理解できる。

永享十一年（一四三九）十一月十四日に義教は、虎菊に命じて蔭涼軒の庭に樹木を植えさせ、翌日には石を立てさせ、二十五日には水を引かせている。義教にとって虎菊は気に入りの河原者だったのだろう。生まれる以前に義教が作らせたこの庭園を義政は見て、長禄二年（一四五八）二月二十四日に善阿弥に命じて補植させ、応仁の乱が始まるまでこの庭園を楽しんでいる（『蔭涼』）。虎菊と善阿弥が同人物だったから、義政は善阿弥を通して父義教が作庭好きだったことを知り、作庭に興味を持ったのではないだろうか。

長禄二年から義政が開始した室町殿再建の作庭に、善阿弥は従事している。翌寛正元年十二月八日に、義政は「御庭の功をもって五千疋」を善阿弥に与えている（『蔭涼』）。義政にとって満足がいく庭園になったということだろう。義政の絶対的信頼を得て、善阿弥は寛正六年九月三日から十一日まで奈良興福寺《こうふく》一乗院の作庭、文明三年（一四七一）六月八日から興福寺中院の作庭、十月三日まで興福寺大乗院の庭園改修を行なっている（『大乗院寺社雑事記』『経覚私要鈔《けいかくしようしよう》』）。文明十四年に造営開始が開始された東山山荘の作庭工事に、善阿弥は関わっているのかどうかが問題になるが、同年十月に亡くなったという伝聞が正しければ、直接的な関わりはなかったことになる。

『鹿苑日録』の明応《めいおう》元年（一四九二）二月十一日条に「早旦に善阿来て躑躅《つつじ》を南庭に植える」とあるが、これは二代目善阿弥と考えるべきだろう。『大乗院寺社雑事記』の文明十年十一月四日条に、「河原者善阿ミの息小四郎」に作庭を依頼したとあるから、小四郎が善阿弥の跡を継いだと考えられる。『鹿苑日録』に、「又四郎よって善阿の嫡孫なり」とあるので、又四郎が善阿弥の孫で、名前からすると小四郎の子だろう。

『鹿苑日録』によれば、延徳元年（一四八九）六月五日に又四郎は鹿苑院を訪れて住職の景徐周麟に、

某《それがし》一心に悲しきは屠家《とか》に生まる。故に物の命は誓いてこれを断たず、また財宝は心これを貪《むさぼ》らず。

と心情を述べている。「悲しきは屠家に生まる」という言葉から、世間の人から卑賤視されてつらい思いをしていたことと、祖父の善阿弥も家畜の屠殺《とさつ》を家業とした河原者の出身

だったことがわかる。

小四郎・又四郎あたりが、東山山荘の庭園造営に関わっていたはずなのだが、義政との直接的な関係は文献上には残っていない。義政が河原者と親しく接していたのであれば、機知に富んだ又四郎が最もよい相談相手になっていただろう。義政と善阿弥の関係だけが深かったのは、先代義教からのつながりによっているように考えられる。

守護大名の庭園

足利義満・義持・義教の三代にわたる応永・永享年間（一三九四―一四四〇）は、守護大名が将軍の文化サロンの主要構成員だった。彼らは自国に居住することが許されず、京都に住んで幕府政治に参与したことから、商品流通が盛んな京都の経済に接し、将軍邸での歌会・連歌会で王朝の古典文化を学び、五山《ござん》の禅僧と交わることで中国の文物を知り、絢爛《けんらん》な文化を創り上げたとされている（河合正治「東山文化と武士階層」）。

守護大名たちはどのような庭園をつくっていたのだろうか。摂津《せっつ》・丹波《たんば》・讃岐《さぬき》・土佐四ヵ国の守護だった細川満元（一三七八―一四二六）は、

禅寂を喜びて、私第に小斎を結び、賓月斎《ひんげつさい》と扁す。前に仮山水を設け、称して以って心方外に遊ぶ。国王［義満］またその斎に幸《みゆき》し、以って北山第一の勝覧となす。

と『不二《ふじ》遺稿』にあるように、義満が北山で第一だと激賞するほどの庭園をつくっている(外山、前掲書)。「仮山水」は水を使わない枯山水とも考えられるが、前面に亭が建てられていたことからすると園池の可能性が高い。

また、周防《すおう》国守護の大内盛見《もりみ》(一三七七―一四三一)が京都に建てた邸宅を、永享元年十月二十三日に将軍足利義教が訪れている(『満済准后日記』)。惟肖《いしょう》得巌《とくがん》の「蓬月亭詩序」に、

　亭は甲第西北の隅に在り。池に臨み駕す。飛泉(亭)と相望み、竹を栽え柱となし、蓬《よもぎ》を蓋《おお》いて屋となす。[略]

と、その様子が述べられている(外山、前掲書)。園池を設けてその傍らに、飛泉亭という亭とタケを使った蓬月亭を建てていたことがわかる。園池を掘って周囲に亭を建てるのが、当時の庭園の一つの形だったのではないだろうか。盛見は自領の山口でも碧山別墅《へきさんべっしょ》と呼んだ山荘を造営している。京都の庭園文化が、地方へと伝わったということではないだろうか。

惟肖得巌の『東海瓊華集《とうかいけいかしゅう》』によると、山名金吾は南禅寺の山中の駒瀑《こまたき》の下に栖真軒《せいしんけん》、その西に遠碧斎《えんへきさい》、中間に浮香閣を建てている。雰囲気的には西芳寺の下部の庭園に近い。

『永享日録』によれば永享七年十一月七日には義教がここを訪れている（外山、前掲書）。

義政の時代になると、『碧山日録《へきざんにちろく》』の寛正二年（一四六一）三月十一日条によれば、細川勝元邸では、

前面の池水濃く湛《たた》え、鳧雁《ふがん》（カモの類）飛翔《ひしょう》し、亀魚游泳す。白鶺鴒《はくせきれい》・碧鸚鵡《あおおうむ》の属、金籠《かなかご》に畜《やしな》う。

とあるように、園池には鳥や魚が放たれ、鳥小屋には珍しい鳥が飼われていた。文正元年（一四六六）正月二十三日には、義政がここを訪れ発句を作っている（『蔭凉』）。そのときの句から、園池の周囲にはシダレヤナギとマツが植えられていたことがわかる。

細川典厩《てんきゅう》の下屋形はサクラで有名だった。『補菴京華外集』の希世霊彦《きせいれいげん》の詩題には、享徳元年（一四五二）から長享二年（一四八八）までの三十七年の間、毎年サクラを見たと書かれている（外山、前掲書）。そのサクラがどのようなものだったかは、亀泉《きせん》が長享二年二月十四日に見て、

典厩の下の屋形へ往き、諸老相集まり花を看る。糸桜・信州桜同時に盛んに開く。天下の壮観なり。

と記している（『蔭凉』）。「糸桜（シダレザクラ）」が植えられていたのは、室町時代に流行

していたことによるのだろう。天隠竜沢《てんいんりゅうたく》（一四二二—一五〇〇）の『黙雲詩藁《もくうんしこう》』の「池館に暑さを避く［細川典厩邸］」と題した詩に、「池台水に臨み藕花《ぐうか》香り」とあるから、ハスの花が咲く園池の傍らには建物が設けられていたことになる。

義教の時代までは細川満元・大内盛見・山名金吾などの守護大名が庭園をつくっていて、義政の時代には細川勝元・細川典厩などが新しく庭園を造営していることがわかる。義政が烏丸《からすまる》殿・室町殿を改修した時には、洛中の守護大名の庭園も参考にしたのではないだろうか。歴代将軍だけが山荘を造営していたのではなく、守護大名たちが都や自領に山荘を設けていたということも、刺激になっていただろう。

東山山荘の影響

義政が将軍になると将軍の側近を固めた奉公衆が幕府政治の支柱となり、将軍御所の文化サロンの主要構成員になった。そこには守護大名から領国の経営を任されていた守護代層も加わっている。サロンとは直接関係を持たなかったが、地侍・国人層も文化的刺激を受けている。東山山荘の造営に、安芸国《あきのくに》の小早川敬平のような国人層が参画しているように、義政の時代には守護大名以外も庭園に興味を持つようになっていく（河合、前掲論文）。

伊勢貞親《さだちか》の息子の貞宗（一四四四—一五〇九）は、義尚の養育を行なったことから、義尚が将軍になってからは側近として活躍している。文明八年（一四七六）十一月十三日に室町殿が炎上した際には、義尚は貞宗の邸宅に一時的に避難している（『長興宿禰記』二十二日条）。この邸宅の庭園については、『蔭凉』長享二年（一四八八）六月十日条に、「長老話して云う、汲古（貞宗）の居所に泉あり、岩石の門より出ず」とあるので、泉が存在していたことがわかる。この時に禅僧の亀泉《きせん》が作った詩には、「一樹梧桐金井深し」とあるので、泉の傍らにはアオギリが植栽されていたことがわかる。

守護代層で所司代になった多賀高忠は、京極持清の陪臣だった。『碧山日録』の寛正元年（一四六〇）七月二日条によれば、応仁の乱以前に京都に幽邃《ゆうすい》な園池をもった華麗な私邸を構えていた。『蔭凉』文明十七年四月十六日条には、「南東の庭は怪松・奇石、都下に冠たるべし」と、印象が記されている。

さらに守護代層としては、連歌師宗祇《そうぎ》に『古今和歌集』の伝授を行なった東常縁《とうつねより》（一四〇一―一四九四）がいる。常縁が下総国《しもうさのくに》の乱に出向いている間に、本拠地の美濃国郡上《ぐじょう》（岐阜県郡上郡）を山名が攻め落とし、応仁二年（一四六八）九月には美濃の斎藤妙椿《みょうちん》が横領してしまった。そのことを悲しんで常縁が作った歌を妙椿は知って、風流がわかる人間だとして翌年の文明元年（一四六九）五月に、常縁に土地を返還している（『鎌倉大草紙』）。

昭和五十五年（一九八〇）から同五十八年にかけての、東氏館跡（郡上郡大和町）の発掘調査では、地下一㍍ほどの所から東氏館跡の園池が発見されている（『東氏館跡発掘調査報告書』）。東氏は防御のために南側の山上に篠脇城を築き、谷間に館を建て園池を築いていたが、その園池は東西二十四㍍、南北十㍍ほどの横長な形で、中央部南岸寄りに中島が築かれていることが判明した（図30）。

中島の石組の向きからすると、園池の北側後方に建物が存在していたと考えられる。発見されている陶器類は十四、五世紀のものが多いが、庭園年代は北畠氏館や朽木《くつき》氏館との類似性からすると、十五世紀後半の第十一代城主の常縁の時代頃になるのではないだろうか。常縁が宗祇（一四二一—一五〇二）にあてた手紙には、

このほど山郡の山中に庵室を構え候て、はばかりながら小倉山荘（藤原定家の京都嵯峨の別荘）になぞらえ、老のすみ所とせばやのあらましに候。

と京都文化への憧れがにじみ出ている。

十六世紀には各地の戦国武将の館に庭園が作られるようになっていく。残存しているものとして著名な庭園としては、福井県の一乗谷朝倉氏館、三重県の北畠氏館、滋賀県の朽木氏の旧秀隣寺庭園などがある。しかし、最近では発掘調査によって、室町時代の城館に

図30　出土した東氏館の園池（1989年撮影）

付属した数多くの庭園が明らかになっている。

たとえば、十四世紀のものとしては岐阜県の江馬《えま》氏館、十五世紀のものとしては栃木県の御前原《ごぜんばら》（中村）城、長野県の小山遺跡、大阪府の水走《みずはい》氏館・池田城、兵庫県の加茂遺跡、熊本県の浜の館・隈部《くまべ》館などがある。十六世紀のものとしては、福島県の梁川《やながわ》城、埼玉県の安保《あぼ》氏館、山梨県の勝沼氏館・高梨館、静岡県の横山城、奈良県の竜王山城、島根県の新宮《しんぐう》谷《だに》遺跡など多くのものがある（奈良国立文化財研究所『発掘庭園資料』）。

義満から義教までの時代に京都でつくられた守護大名の庭園が、地方に与えた影響も無視できないが、東山山荘の造営が奉公衆・守護代層などの関心を引き起こしたことが、十五、十六世紀にさらに各地で盛んに庭園が築かれるようになる契機になったと考えられる。

あとがき

江戸時代の大坂をさまよっている時だった。吉川弘文館の一寸木《ますき》紀夫氏から『庭園の中世史』という題名で、本を書かないかという誘いを受けた。近世からいきなり時空を超えて、中世に入り込むのは大変だと思ったのだが、題名があまりにも魅力的に感じられたので、お引き受けすることにした。

これまで通史ばかりを書いてきたので、一つの時代のことを徹底的に調べてみたいという気持ちがあった。室町時代の庭園に関係のある人物としては、東山《ひがしやま》山荘を造営した足《あし》利《かが》義政《よしまさ》がいることを思いついた。義政の生没年を調べると、五十五歳（数え年）で亡くなっていることがわかった。私もその年齢を超えているので、きっと書けると何の根拠もなく確信して、この仕事を開始した。効率よく調べるには『大日本史料』を使えばいいと思いついたまではよかったが、義政の一生は第八編にほぼ含まれていて、全部で三十五冊ほどあることがわかった。図書館に通って読み通せる量ではないと諦《あきら》めかけていると、長岡市立中央図書館で貸し出しているというので救われた。

室町時代の基本的な文献は読んでいたが、義政については何も知らないのに近かった。以前遊び半分に、西芳寺《さいほうじ》と慈照寺《じしょうじ》の実測図を同寸法に直して重ねてみて、何となく似ていると思っていたのだが、正確な復元図を作るのにどうしたらいいのかについては悩むことになった。慈照寺の園池が縮小されるかどうかについて、二十五年も前に調査をしたことを基に、今頃になって結論を出すとは思ってもみなかった。

二〇〇四年十月二十三日に起きた中越地震は出張していて免れたが、帰ってからは強い余震におびえながら、原稿を書き続けることになった。今年二月に入ってからは豪雪に埋もれながら、寒さに耐えて書き続けた。これほど自然災害に悩まされたことは、今までになかった。

いつもは庭園史が現代とどのようなつながりを持つのかを考えるのだが、今回ばかりは室町時代にのめり込んで、「足利義政はなぜ庭園をつくったのか」という単純な疑問を突き詰めてみた。書き続けることは苦しかったが、発見があるので楽しく感じられた。

昔から仕事上でお世話になってきた梶川敏夫氏には、発掘報告書と京都市の地図の入手のことでお手数をお掛けした。同僚だった伊藤正敏氏には河原者の史料についてご教示をいただいた。図の作成については、長岡造形大学卒業生の竹内美鈴さんに手伝ってもらった。「もうできない」と悲鳴をあげながら、私の要求に従っていくども修正を繰り返して、西芳寺と東山山荘の推定復元図を完成させてくれた。また、編集の際には吉川弘文館の永田伸氏に大変お世話になった。末筆ながら改めて感謝申し上げたい。

二〇〇五年十一月三十日

飛《ひ》田《だ》範夫

参考文献一覧

◇「山荘への憧れ」
脇田晴子『中世に生きる女たち』岩波書店、二〇〇〇年
森田恭二『足利義政の研究』和泉書院、一九九三年
桜井英治『日本の歴史12　室町人の精神』講談社、二〇〇一年
今谷明『足利将軍暗殺』新人物往来社、一九九四年
河合正治『足利義政と東山文化』清水書院、一九九四年
川上貢『日本中世住宅の研究［新訂］』中央公論美術出版、二〇〇二年
黒川直則「東山山荘の造営とその背景」『中世の権力と民衆』日本史研究会史料研究部会編、創元社、一九七〇年
飯倉晴武『日本中世の政治と史料』吉川弘文館、二〇〇三年
松尾慶治『岩倉長谷町千年の足跡』機関紙共同出版、一九八八年

◇「義政の理想の山荘」
牛川喜幸「永保寺調査概要」『奈良国立文化財研究所年報』一九六八年
外山英策『室町時代庭園史』思文閣、一九七三年復刻

川瀬一馬『夢窓国師　禅と庭園』講談社、一九六八年
久恒秀治『京都名園記（下）』誠文堂新光社、一九六九年
玉村竹二『夢窓国師』平楽寺書店、一九六九年
村井章介校注『老松堂日本行録』岩波書店、一九八七年
森蘊『中世庭園文化史』奈良国立文化財研究所、一九五九年
中根金作『京都名庭百選』淡交社、一九九九年
梅谷繁樹「時衆の地方展開」『時衆の美術と文芸』時衆の美術と文芸展実行委員会、一九九五年
『史跡慈照寺（銀閣寺）旧境内保存整備事業報告書』慈照寺、一九八八年
宮上茂隆「会所から茶湯座敷へ」『茶道聚錦（七）』小学館、一九八四年
飛田範夫『日本庭園の植栽史』京都大学学術出版会、二〇〇二年

◇「東山山荘の造営」

野田泰三「東山殿足利義政の政治的位置付けをめぐって」『日本史研究（三九九）』日本史研究会、一九九五年
西田直二郎「銀閣寺西指庵遺阯」『京都府史蹟名勝天然記念物調査報告（十二）』京都府、一九三一年
京都府教育委員会『国宝慈照寺東求堂修理工事報告書』一九六五年
中野楚渓「発掘された東山殿の石庭について」『史迹と美術（十四）』美術同攷会、一九三一年
野地修左『日本中世住宅史研究』日本学術振興会、一九五五年

芳賀幸四郎『東山文化の研究』思文閣出版、一九八一年復刻
吉永義信「銀閣寺（慈照寺）庭園」『名勝調査報告（二）』文部省、一九四二年
京都市埋蔵文化財研究所『平成五年度京都市埋蔵文化財調査概要』一九九六年
京都市埋蔵文化財研究所『史跡慈照寺（銀閣寺）旧境内』二〇〇三年
宮上茂隆『日本名建築写真選集（十一）』新潮社、一九九二年
飛田・尼崎博正・井内光彦・岩城徹「銀閣寺（慈照寺）園池の調査結果について」『庭（四十八）』建築資料研究社、一九七八年
龍居松之助「慈照寺の池に就て」『史蹟名勝天然紀念物（八―十）』一九三三年
久恒秀治『京都名園記（上）』誠文堂新光社、一九六七年
百瀬正恒「東山殿［慈照寺］の建物配置と庭園」『日本史研究（三九九）』日本史研究会、一九九五年
宮上茂隆「東山殿の建築とその配置」『日本史研究（三九九）』日本史研究会、一九九五年

◇「山荘造営の方法」

京都府立総合資料館歴史資料課編『足利義政とその時代』一九九四年
飯倉晴武『日本中世の政治と史料』吉川弘文館、二〇〇三年
林屋辰三郎『封建社会成立史（日本史講義一）』筑摩書房、一九八七年
井上光貞他編『日本歴史大系（五）』山川出版社、一九九六年
黒川直則、前掲論文

竹田和夫「室町時代における禅宗寺院の建築経営について」『遥かなる中世（二十）』中世史研究会、二〇〇三年

◇「中世庭園とは何か」

黒川直則、前掲論文
臼井信義『足利義満』吉川弘文館、一九六〇年
林屋辰三郎『古代中世の社会文化史』筑摩書房、一九八七年
外村中「日韓の假山趣味」『造園雑誌（五十七―三）』日本造園学会、一九九四年
新村出編『広辞苑』岩波書店、一九九一年
飛田『「作庭記」からみた造園』鹿島出版会、一九八五年
盛田嘉徳『中世賤民と雑芸能の研究』雄山閣出版、一九九四年復刻
丹生谷哲一「非人・河原者・散所」『日本通史（八）』岩波書店、一九九四年
吉永義信「山水河原者」『庭園と風光（二十三―六）』一九四一年
平野宗浄監修『一休和尚全集（三）』春秋社、二〇〇三年
森蘊「善阿弥初期の作庭」『建築史［二―二］』建築史研究会、一九四〇年
河合正治「東山文化と武士階層」『日本中世史論集』吉川弘文館、一九七二年
大和村教育委員会『東氏館跡発掘調査報告書』一九八四年
奈良国立文化財研究所『発掘庭園資料』一九九八年

著者紹介

一九四七年、東京都に生まれる
一九七七年、京都大学大学院農学研究科博士課程中退
現在、長岡造形大学教授、博士（農学）
主要著書
「作庭記」からみた造園　日本庭園と風景　日本庭園の植栽史

歴史文化ライブラリー
209

庭園の中世史
足利義政と東山山荘

二〇〇六年（平成十八）三月一日　第一刷発行

著　者　飛《ひ》田《だ》範《のり》夫《お》
発行者　林　英男
発行所　株式会社 吉川弘文館
東京都文京区本郷七丁目二番八号
郵便番号一一三―〇〇三三
電話〇三―三八一三―九一五一〈代表〉
振替口座〇〇一〇〇―五―二四四
http://www.yoshikawa-k.co.jp/

印刷＝株式会社 平文社
製本＝ナショナル製本協同組合
装幀＝山崎　登

歴史文化ライブラリー

1996.10

刊行のことば

現今の日本および国際社会は、さまざまな面で大変動の時代を迎えておりますが、近づきつつある二十一世紀は人類史の到達点として、物質的な繁栄のみならず文化や自然・社会環境を謳歌できる平和な社会でなければなりません。しかしながら高度成長・技術革新にともなう急激な変貌は「自己本位な刹那主義」の風潮を生みだし、先人が築いてきた歴史や文化に学ぶ余裕もなく、いまだ明るい人類の将来が展望できていないようにも見えます。このような状況を踏まえ、よりよい二十一世紀社会を築くために、人類誕生から現在に至る「人類の遺産・教訓」としてのあらゆる分野の歴史と文化を「歴史文化ライブラリー」として刊行することといたしました。

小社は、安政四年（一八五七）の創業以来、一貫して歴史学を中心とした専門出版社として書籍を刊行しつづけてまいりました。その経験を生かし、学問成果にもとづいた本叢書を刊行し社会的要請に応えて行きたいと考えております。

現代は、マスメディアが発達した高度情報化社会といわれますが、私どもはあくまでも活字を主体とした出版こそ、ものの本質を考える基礎と信じ、本叢書をとおして社会に訴えてまいりたいと思います。これから生まれでる一冊一冊が、それぞれの読者を知的冒険の旅へと誘い、希望に満ちた人類の未来を構築する糧となれば幸いです。

吉川弘文館

〈オンデマンド版〉
庭園の中世史
足利義政と東山山荘

歴史文化ライブラリー
209

2019年（令和元）9月1日　発行

著　者　飛《ひ》田《だ》範《のり》夫《お》
発行者　吉川道郎
発行所　株式会社　吉川弘文館
〒113-0033　東京都文京区本郷7丁目2番8号
TEL　03-3813-9151〈代表〉
URL　http://www.yoshikawa-k.co.jp/

印刷・製本　大日本印刷株式会社
装　幀　清水良洋・宮崎萌美

飛田範夫（1947～）

ISBN978-4-642-75609-9